Ich geh aber nicht mit zum Wandern!

Andrea Kästle | Mathias Voelchert

Ich geh aber nicht mit zum Wandern!

Die **50 häufigsten Familienkonflikte** und wie Sie da gut wieder rauskommen

Kösel

Verlagsgruppe Random House FSC® N001967
Das für dieses Buch verwendete FSC®-zertifizierte Papier *Classic 95*
liefert Stora Enso, Finnland.

Copyright © 2015 Kösel-Verlag, München,
in der Verlagsgruppe Random House GmbH
Umschlag: Weiss | Werkstatt | München
Umschlagmotiv: fotolia/Miredi
Druck und Bindung: GGP Media GmbH, Pößneck
Printed in Germany
ISBN 978-3-466-31033-3

www.koesel.de

Inhalt

Vorwort 11

1 So lang du deine Füße 15
Was ist Erziehung? Und wie viel brauchen Kinder davon?

2 Du, ich bin schwanger! 19
Wie können wir uns vorbereiten aufs Elternsein?
Wie werden wir gute Eltern?

3 Es ist ein Baby! 23
Wie gelingt die erste Zeit mit dem neuen Mitbewohner?

4 Und jetzt: Ab in die Krippe! 27
Kommt unser Baby damit zurecht, wenn es auch
fremdbetreut wird?

5 Ich mag dich so (wie du bist)! 31
Wie liebe ich mein Kind?

6 Ich kann nicht einschlafen! 34
Wie schafft man es, dass abends Ruhe einkehrt zu Hause?

7 Das schmeckt mir nicht! 38
Wie kann ich die Mahlzeiten in der Familie genießen –
auch wenn nicht jeder den gleichen Geschmack hat?

8 Das will ich alleine machen! 42
Wie kann ich mein Kind beim Selbstständigwerden
unterstützen?

9 Ich will nicht! 45
Wie geht man um mit dem Dauer-Nein eines Zweijährigen?

10 Teil schön deine Sachen! 48
Wie erreiche ich, dass mein Kind ein soziales Wesen wird?

11 Du weinst? Dann bin ich auch traurig! 51
Kinder kooperieren immer – was können wir Eltern daraus lernen?

12 Ich passe auf mich auf! 55
Wie schütze ich meine Integrität – und auch die meines Kindes?

13 Das hast du toll gemacht! 58
Wie viel Lob brauchen unsere Kinder?

14 Du bist schuld! 62
Wie übernehme ich Verantwortung in der Familie?

15 Heute machen wir eine Familienkonferenz! 66
Wie geht das – ein Familiengespräch nach Regeln?

16 Wir sind beide gleich viel wert! 74
Ein gleichwürdiger Umgang mit unseren Kindern – wie sieht der genau aus?

17 So bin ich eben! 77
Authentisch zu sein – wie sieht das aus 24 Stunden am Tag?

18 Das will ich! Und das will ich nicht! 81
Wie rede ich mit meinen Kindern in einer persönlichen Sprache?

19 Die Jeans ist voll cool! 85
Wie geht man um mit Markenwahn und Dauer-Werbung?

20 Gott ist in allen Dingen! 90
Wie viel Religion brauchen Kinder?

21 Und jetzt machen wir Topfschlagen! 94
Wie gelingt der Kindergeburtstag?

22 Sag schön »Guten Tag«! 97
Wie wird aus meinem Kind ein freundliches Wesen,
das sich gut benimmt?

23 Das mach ich später! 101
Kann mein Grundschulkind die Hausaufgaben wirklich
schon alleine machen?

24 Ich will, dass aus dir was wird! 105
Wie sehr dürfen wir die schulische Laufbahn
unserer Kinder bestimmen?

25 Komm, mein Sohn, wir bauen ein Baumhaus! 108
Wie werde ich ein guter Vater?

26 Ich geh aber nicht mit zum Wandern! 113
Wie gelingt unser Wochenend-Ausflug?

27 Du bist frei, mein Kind! 116
Freiheit in der Familie – wie viel brauchen wir davon?

28 Schluss jetzt! 121
Welche Grenzen braucht mein Kind?

29 Wenn du den Computer jetzt nicht ausmachst,
darfst du heute Abend nicht fernsehen! 124
Wie viel Konsequenz brauchen Kinder?

30 Nein! 129
Wie verbiete ich etwas?

31 Ich bin der Chef! 133
Wie übernehme ich die Führung in der Familie?

32 Ich will doch nur dein Bestes! 137
Wie kann ich erreichen, dass meine Kinder glücklich sind?

33 Ich will ein Handy! 141
Wie geht man mit den vielen Wünschen der Kinder um?

34 Bald bist du ein großer Bruder! **144**
Wie bereite ich mein Kind darauf vor, dass wir Zuwachs bekommen?

35 Bitte vertragt euch! **147**
Muss man sich immer einmischen, wenn die Kinder sich streiten?

36 Wo fahren wir im Sommer hin? **151**
Wie gelingt unser Urlaub?

37 Ich tu alles für dich! **156**
Wie schaffen wir es, die Kinder nicht zu sehr zu verwöhnen?

38 Ich will so nicht weitermachen! **161**
Wie ändere ich mich?

39 Das ist mein Leben! **165**
Wie bleibe ich mit meinen jugendlichen Kindern im Gespräch?

40 Darf ich an den Computer? **170**
Wie sieht eine sinnvolle Medienerziehung aus?

41 Tom ist voll süß! **175**
Mein Kind ist verliebt – und jetzt?

42 Ich trinke eh nie was! **179**
Die Versuchungen der Jugend – wie gehen wir Erwachsenen damit um?

43 Ohne mich! **185**
Die Kinder werden flügge – muss man jetzt also alleine wandern?

44 Du und ich und die Kinder **189**
Wie bleiben wir trotz Familie ein Paar? Und als dieses Paar im Zentrum der Familie?

45 Ich werde dich verlassen! 194
Wie trennt man sich, ohne zu viel Schaden anzurichten?

46 Wir müssen euch was sagen! 198
Wie erklärt man den Kindern, dass man sich trennt?

47 Dieses Wochenende seid ihr beim Papa! 203
Wie läuft der Alltag gut trotz Trennung?

48 Kinder, das ist Harry, ich habe mich in ihn verliebt! . 210
Wie stelle ich den Kindern meinen neuen Freund vor?

49 Tschüss, Großer, pass gut auf dich auf! 215
Dann sind die Kinder groß und ziehen aus. Und was wird jetzt aus uns, den Eltern?

50 Unsere tollen Kinder! 219
Wie genießen wir Familie?

Vorwort

Dieses Buch ist kein Erziehungsratgeber im herkömmlichen Sinn. Es ist als das zu verstehen, was es ist: eine Reihe von Gesprächen, die ich mit Mathias Voelchert, dem Leiter von Jesper Juuls Familienwerkstatt familylab in Deutschland, geführt habe. Ich hatte ihn zuvor mehrmals für die Familienseite der Münchner *Abendzeitung* interviewt und war der Meinung, dass er es besonders gut versteht, Dinge auf den Punkt zu bringen, dass er für das, was er sagen will, gute Bilder findet. Viele dieser Bilder sprachen mich auf Anhieb an. So ist das Buch entstanden.

Dabei ist, was Mathias Voelchert sagt, nie als konkrete Handlungsanweisung zu verstehen. Aber wenn man zwei, drei Kapitel gelesen hat, wird hinter seinen Worten eine Haltung sichtbar, die, davon bin ich überzeugt, hilfreich sein kann, um zu einem entspannteren Familienalltag zu kommen. Kinder wollen zu Hause nicht das Sagen haben. In erster Linie wollen sie – wie wir alle – einfach wahrgenommen werden. Sie brauchen Eltern, die sich zum einen trauen, in der Familie die Führung zu übernehmen und sich auch mal unbeliebt zu machen. Und die sich andererseits freuen an der Entwicklung ihrer Kinder, darauf vertrauend, dass die ihren Weg schon machen werden. Natürlich kann man durchsetzen, dass an einem Sonntag gewandert wird. Aber vorher hat man den Kindern aufmerksam zugehört, warum sie keine Lust haben auf die Berge. Das behält man dann fürs nächste Mal im Hinterkopf.

Ich finde die Sichtweise, die Mathias Voelchert auf Eltern und Kinder hat, sehr angenehm. Kinder wollen lernen, sich selbst anzuziehen – also brauchen sie auch Gelegenheit, das zu üben. Wir sind nicht die tollen Hechte, nur weil wir uns mit unseren 40 Jahren blind die Schuhe binden können. Und es geht doch für mich als Mutter die Welt nicht unter, nur weil meinem Sohn die Semmelknödel nicht schmecken. Erst recht ist kein anderer Mensch in der Position, mir mein Leben vermiesen zu können. »Ich bin viel souveräner«, sagt Voelchert. Mir gefällt das. Und mir gefällt auch der Hinweis, dass wir unsere jugendlichen Kinder, die ja dabei sind, das Erwachsensein zu üben und dabei natürlich auch mal ausrutschen, so behandeln sollten, als wäre schon alles gut gegangen.

Vieles von dem, was in diesem Buch steht, hätte ich gern bereits gewusst, als ich selbst Mutter geworden bin. Dass ich mich nicht auflösen muss etwa, nur weil jetzt ein Baby im Haus ist. Dass ich nicht wissen kann, was wirklich die Ursache ist, wenn das Baby Kummer hat. Und, dies vor allem: dass ich nur versuchen kann, diese Ursache zu lindern. Den Kummer kann ich dem Baby nicht abnehmen. Es muss alleine verdauen, alleine einschlafen, es ist von Anfang an getrennt von mir. Ein eigenes Wesen mit Geheimnissen.

Mein Lieblingskapitel behandelt die Familienkonferenz, über die ich vor der Arbeit an diesem Buch nicht viel wusste. Die Idee, dass man, indem man von sich selbst spricht, erst erfährt, wie man überhaupt »tickt«, wie Voelchert sagt, und damit auch die Möglichkeit bekommt, Mitgefühl mit sich selbst zu entwickeln, finde ich bestechend.

Über rein praktische Situationen hinaus, die davon handeln, dass das Kindergartenkind ausgerechnet dann die Jacke allein zuknöpfen will, wenn die Zeit besonders drängt, dass die Achtjährige die Hausaufgaben nur noch hinschmiert und dass sich die jugendlichen Kinder den Familienurlaub so ganz anders vorstellen als wir Eltern, geht es in diesem Buch auch um weiterreichende Fragen wie: Was macht eine glückliche Kindheit aus? Was heißt es, unsere Kinder zu lieben? Wann sind wir gute Eltern? Wie können wir uns und unser Verhalten verändern – sodass es letztlich erfolgreich ist? Am Ende wird die Elternrolle um einige Punkte zurückgestutzt worden sein – wir Eltern können nicht erreichen, dass unsere Kinder glücklich werden. Wir können daran arbeiten, sie zu lieben, aber oft genug werden wir auch daran scheitern. Weil Liebe bedeutet, den anderen genau so anzunehmen, wie er ist. Auch wenn er uns kein Frühstück ans Bett bringt. Sondern uns die Zimmertür vor der Nase zuschlägt.

Dieses Buch will Sie ermuntern, Ihre Kinder kennenzulernen, sich an ihnen zu freuen, sie in Dankbarkeit auf ihrem Weg zu begleiten. Sie zu trösten, wenn mal etwas schiefgeht. In diesem Sinne wünschen wir Ihnen allen das Beste.

Andrea Kästle

1 So lang du deine Füße ...

Was ist Erziehung? Und wie viel brauchen Kinder davon?

ANDREA KÄSTLE: *Jesper Juul sagt ja: »Lassen Sie das Erziehen, es ist unnütz und manchmal auch direkt schädlich.« Was meint er damit? Kinder brauchen doch Vorgaben.*
MATHIAS VOELCHERT: Was unsere Kinder brauchen, ist, dass wir sie begleiten in ihrer Entwicklung und ihnen Vorbilder sind. Wenn ich das Wort Erziehung höre, denke ich an Besserwisserei und Bevormundung.
Das meiste wissen wir aber doch auch besser. Wir haben schließlich 30 Jahre Leben hinter uns, wenn wir Eltern werden.
Das stimmt. Jedoch bezieht sich dieses Wissen im Wesentlichen auf uns selbst. Ob es direkt auf unsere Kinder zu übertragen ist, muss sich erst rausstellen. Jeder Mensch ist schließlich eine Spezialanfertigung.
Die Kinder brauchen doch eine Richtschnur für ihr Verhalten. Ich muss ihnen sagen, was geht und was nicht.
Meist reicht es, wenn Sie ihnen das vorleben. Die Kinder beobachten ganz genau, wir wir unsere Beziehungen führen – und machen das dann nach.
Dann kann ich mir Vorträge in der Erziehung weitgehend sparen?
Ja. Wer will schon belehrt werden? Vorträge ersetze ich durch Dialoge, dadurch, dass ich versuche, in Kontakt zu kommen mit den anderen. Indem ich von mir erzähle, in einer persönlichen Sprache. Das beeindruckt die Kinder.
Man hat nicht immer eine spannende Geschichte auf Lager.

Es muss nicht immer interessant sein, was man erzählt. Aber in dem, was ich erzähle, zeige ich mich, ich zeige, welche Werte für mich wichtig sind.

Wir haben oft unsere Gefühle nicht im Griff. Dann sagen wir, was wir sagen wollen, nicht im richtigen Ton. Die Emotion trägt uns davon, und der Inhalt geht darüber verloren.

Es wäre gut, wenn wir es schaffen würden, dann aus der Situation rauszugehen. Sich eine Pause zu nehmen, einen Spaziergang zu machen, wenn man merkt: Ich koche hoch. Anstatt die anderen in dem Moment passend für meine Wut zu machen.

Ein Vorbild zu sein für die Kinder, heißt für Eltern, immer wieder mal zu überprüfen, wie nah man im eigenen Leben den Werten kommt, die man für sich als wichtig definiert hat.

Das ist der Punkt: dass wir versuchen sollten, den Wertekanon, den wir für uns herausgebildet haben, ins Leben zu bringen. Die Theorie umzusetzen in die Praxis – das bekommt im Leben mit Kindern, die uns ja oft herausfordern, noch einmal eine ganz andere Qualität.

Es ist das Schwierigste überhaupt: Gelerntes anzuwenden!

Man sieht es an manchen gesellschaftlichen Entwicklungen, wie viel Zeit Veränderungen benötigen. 1948 wurde die Gleichberechtigung von Mann und Frau im Grundgesetz verankert. Aber noch immer werden Frauen bei uns schlechter bezahlt als Männer – für die gleiche Arbeit.

Was ist, wenn ich mich und meine Beziehungen langsam verändere: Haben die Kinder dann schon meine frühen Muster verinnerlicht – oder können sie die auch modifizieren? Das wäre für Paare, die sich getrennt haben, eine tröstliche Vorstellung. Dass die Kinder nicht ausschließlich das destruktive Schema aufgesogen haben.

Kinder kriegen es total mit, wenn wir uns verändern. Familie ist eine Lern- und Wachstumsveranstaltung für alle, unsere Festplatten können vom Leben überschrieben werden. Oft bringen schon kleine Änderungen im Verhalten für die anderen ziemliche Erleichterungen.

Ist es möglich, in der Erziehung das meiste richtig zu machen? Oder sollten wir die Idee endgültig aufgeben?
Eltern wollen immer besser sein, als sie sind – und das ist ja auch gut so. Allerdings kann der Wunsch nach Perfektion einen auch lähmen! Gut genug reicht.

Eine Kindheit, die keine Narben hinterlässt, gibt es demnach nicht?
Nein. Ich glaube auch nicht, dass das erstrebenswert wäre. Das Leben geht nach der Kindheit ja erst richtig los. Wir lernen lebenslang. Und wenn die Eltern etwas dazulernen, dann sind die Verletzungen, die im Lauf dieses Lernprozesses passiert sind, für alle ein Gewinn.

Was unterscheidet den autoritativen Erziehungsstil, den Eltern heute anstreben, vom autoritären unserer Eltern und Großeltern? Und vom antiautoritären der 68er-Generation?
Autoritativ ist weder autoritär noch Laissez-faire, es ist ein dritter Weg. Wobei der Unterschied zum autoritären Erziehungsstil darin besteht, dass das Kind akzeptiert wird, wie es ist. Dass die Eltern mit ihm kommunizieren. Das Kind ist gleichwürdig, hat aber – das ist der Unterschied zum Laissez-faire – nicht die gleichen Rechte wie die Eltern. Es ist noch angewiesen auf deren Führung.

Aber trotzdem brauchen wir heute Autorität den Kindern gegenüber. Was ist der Unterschied zwischen Autorität besitzen und sich autoritär verhalten?
Autorität bezieht sich auf mich selbst und hat im Wesentlichen mit Selbstführung zu tun. Aus dieser Zentrierung heraus bin ich in der Lage, andere zu führen. Wer autoritär handelt, will andere definieren und sie dazu bringen, nach seinen Vorstellungen zu handeln.

Wir sind unseren Kindern heute viel näher, als unsere Eltern uns gewesen sind. Damit wird es allerdings schwieriger, sich abzugrenzen und nein zu sagen.

Früher hat man sich, das stimmt, die Kinder durch Formalismen vom Leib gehalten. Keiner durfte den Papa stören, wenn der Zeitung gelesen hat! Und um acht ging's schnurstracks ins Bett, ohne Diskussion. Wir müssen heute aufpassen, dass uns die Nähe zu unseren Kindern nicht blind und verrückt macht, umso mehr, als dabei eine verführerische Schmelzwärme entsteht. Wichtig ist, mit der Nähe auch die Distanz zu regeln und genau auf sich aufzupassen. Geht mir heute nicht das Klavierspielen auf die Nerven? Brauch ich nicht eigentlich eine halbe Stunde draußen viel dringender – dann muss der Sohn mit dem Lego halt ein bisschen warten! Man kann das lernen und sollte es dringend üben.

Was sollte Ziel sein unserer Erziehung?
Die Beziehung. Und zwar im Sinne einer Straße mit Gegenverkehr, keiner Einbahnstraße. Am Ende sollten Alt und Jung voneinander gelernt haben und aneinander gewachsen sein.

Und welche Eltern brauchen Kinder?
Die brauchen Eltern, die sich genau auf diesen Transformationsprozess einlassen. Die keine Angst haben davor, dass mit Familie nichts mehr so sein wird wie früher. Eine Familie ist kein Horrortrip, sondern eine Zugewinngemeinschaft, in der man nur gewinnen kann – wenn man sich auf sie einlässt.

Was haben Sie gelernt vom Leben mit Ihren Kindern?
Ich war immer mehr ein Einzelkämpfer in meinem Leben, ich habe gedacht, alleine komme ich allerbestens zurecht. Aber dann waren die Kinder da, und plötzlich stand ich, wenn die krank wurden, so hilflos am Bett. Ich war dann schnell mit meinem Latein am Ende. Und habe gelernt: mich eben doch auf die anderen einzulassen. Freundlich auf die Kinder zu schauen – und auf mich. No man is an island.

2 Du, ich bin schwanger!

Wie können wir uns vorbereiten aufs Elternsein? Wie werden wir gute Eltern?

Wenn zwei Menschen Eltern werden: können die sich vorbehaltlos freuen?
Unbedingt! Kinder sind immer ein Gewinn – und der beste Grund, um sich weiterzuentwickeln. Man kann nur dazulernen!
Ist es wichtig, dass man mit der eigenen Kindheit Frieden geschlossen hat, ehe man selbst ein Kind in die Welt setzt?
Da könnte ja die Idee aufkommen, dass man erst einen gewissen Grad an Perfektion erreicht haben sollte, bevor man Kinder bekommt. Wenn das so sein müsste, wären die Menschen schon ausgestorben. Man soll sich freuen über Kinder, mutig vorangehen und wissen, dass einiges an Anpassungsleistung von uns Erwachsenen gefordert werden wird.
Aber ist es nicht gut, ein Bewusstsein dafür zu haben, wie man selbst aufgewachsen ist? Weil man doch Erziehungsfehler, unter denen man selbst gelitten hat, vermeiden will beim eigenen Kind.
Wir tragen das Bewusstsein, wie die eigene Kindheit verlaufen ist, ja in uns. Und erst mal haben wir ganz fest vor, vieles anders zu machen. Bis wir uns dabei ertappen, gerade schon wieder reagiert zu haben, wie damals die eigene Mutter, der eigene Vater auch zu uns gewesen sind. Genau in dem Moment beginnt die Suche nach Handlungsalternativen.
Dann wird das eigene Kind zum Experimentierfeld: Man probiert dies aus und jenes – ist das nicht unfair?
In der Familie geht es nicht darum, als optimierte Eltern an den

Start zu gehen und einen Gott zu zeugen. Sondern darum, mit dem miesen Blatt, das das Leben uns vielleicht ausgeteilt hat, gut zu spielen!

Wie also kann man es schaffen, Fehler, die die eigenen Eltern gemacht haben, nicht zu wiederholen?

Diese Programme stecken tief in uns drin, wir spulen sie oft reflexartig ab. Meist merken wir aber in der Situation, dass nicht stimmt, was wir sagen oder tun. Das ist die Chance, innezuhalten und ruhig auch der ganzen Familie mitzuteilen: »Ich wollte das nicht, es soll mir nicht mehr passieren!« Es ist gut in dem Moment, wenn man sich sozusagen Zeugen schafft. Die einen dann auch gleich ermahnen, wenn man zum Beispiel wieder lauter wird: »Du wolltest uns doch nicht mehr anschreien!«

Welche Voraussetzungen sollten angehende Eltern mitbringen in ihre Elternschaft?

Liebe für sich und fürs Kind, außerdem natürlich Zeit fürs Kind. Die Bereitschaft, eigenes Verhalten zu reflektieren und unter Umständen zu ändern. Und dann auch viel Verständnis für den Partner im Wissen, dass nichts bleibt, wie es ist.

Ist es sinnvoll, jetzt schon das Ritual der Familienkonferenz einzuführen, um es dann, sobald das Kind da ist, zu dritt weiterzuführen?

Jetzt, während der Schwangerschaft, ist dafür der beste Zeitpunkt. Man teilt einander mit, wie es einem im Hinblick aufs Kind geht, wovor man Angst hat, worauf man sich freut. Während man Sorgen formuliert, reflektiert man sie gleichzeitig auch, damit kommt man einen Schritt weiter. Und man verliert im Gespräch auch die Angst vor der Angst.

Kann denn aus jedem eine gute Mutter, ein guter Vater werden? Ist jeder qualifiziert fürs Elternsein?

Grundsätzlich natürlich ja. Es gibt nicht hier die Elterntalente und dort die, die mit Kindern nicht umgehen können. Jeder wächst mit seinen Aufgaben. Vielleicht kann man es so formulieren: Wer mit

Sicherheit von sich sagen kann, dass er sich nicht ändern will – der sollte mit dem Kinderkriegen vielleicht noch ein wenig warten.

Wie viel von den Gefühlen der Mutter bekommt ein Ungeborenes im Mutterleib eigentlich mit?

Soweit wir inzwischen wissen: so gut wie alles an Stimmungen und Gefühlen. Über die Nabelschnur erreichen Stress- wie Glückshormone das Kind, das also direkt mit der Erlebniswelt der Mutter verbunden ist. Und das auf die entsprechenden Impulse ja auch reagiert, indem es sich klein macht, sich ausstreckt, Schluckauf bekommt.

Man sollte also für eine möglichst glückliche, stressfreie Schwangerschaft sorgen?

Soweit die Theorie. Das Leben sieht ja immer anders aus. Aber klar, man sollte danach streben, für sich und das Kind passende Umstände zu schaffen.

Muss die Eltern-Beziehung schon gewissermaßen sturmerprobt sein, ehe ein Baby kommt?

Es ist sicher gut, wenn die ersten Illusionen schon geplatzt sind. Wenn man also eine Ahnung davon hat, was das Leben als Familie mit sich bringen kann. Am Wichtigsten finde ich, dass man Vertrauen zueinander hat. Man sollte an sich als Paar glauben. Und sich den jeweils anderen auch vorstellen können als Mutter oder Vater.

Eine Falle, in die man besser nicht tappt?

Ist die, sich zu sehr aufs Kind zu fixieren. Natürlich wird das Baby, wenn es dann da ist, erst mal die ganze Fürsorge seiner Eltern in Anspruch nehmen. Aber das heißt nicht, dass die Eltern nicht mehr als Paar existieren. Nur wenn es dem Paar gut geht, geht es auch dem werdenden Leben gut.

Also passt man auf, dass man nicht ab jetzt nur noch Eltern ist. Sondern weiterhin Mann und Frau bleibt.

Ja, bitte. Die Frau verliert ihr Frausein ja nicht, nur weil sie Mutter wird, und auch der Vater war Mann, ehe er ein Kind zeugte. Jetzt kommt auf die beiden mit ihrer Elternschaft etwas Neues zu – wie eine weitere berufliche Herausforderung.

Kann man sich irgendwie vorbereiten aufs Elternsein?

Sich mit den eigenen Gefühlen zum neuen Leben, das da auf einen zukommt, zu befassen, ist nie verkehrt.

Soll man schon während der Schwangerschaft die Rollenverteilung festlegen?

Ja, und dann flexibel genug sein, um alles wieder über den Haufen zu schmeißen, wenn das Baby da ist.

3 Es ist ein Baby!

Wie gelingt die erste Zeit mit dem neuen Mitbewohner?

Worauf kommt es an, jetzt, in den ersten Wochen?
Es sollte ein inniger Kontakt entstehen zwischen Eltern und Kind, die vielzitierte Bindung. Man lernt das Kind kennen, man sieht es an, man überlegt, wenn es weint: Was könnte es brauchen, wie klingt dieses Weinen jetzt? Bald kennt man dann etwa bis zu sieben, acht Tonarten von Weinen. Die sind übrigens weltweit ähnlich.
Ach so?
Die Australierin Priscilla Dunstan, die sich lange damit beschäftigt hat, wie sich Babys artikulieren, hat das festgestellt. Es gibt sozusagen eine weltumspannende Babysprache, deren erste drei Laute sind: neh (ich bin hungrig), owh/au (ich bin müde, wobei der Mund oval geformt ist) und eehh, was heißt: Ich muss aufstoßen.*
Wie und in welcher Zeit entsteht die Bindung zwischen Eltern und Kind?
Die Bindung entsteht durch gemeinsame Erfahrungen. Wobei die Bereitschaft, sich an die Eltern zu binden, in den ersten zwei Lebensjahren zu- und dann wiederum kontinuierlich abnimmt.
Heißt das, dass ich in dieser Zeit vornehmlich fürs Baby da sein muss?
Nein, so war es nicht gemeint. Erst einmal kommt das Baby dran, das schon. Aber Sie nehmen auch das, was Sie machen, ernst.

---
* Die eindrücklichen Videos von Priscilla Dunstan kann man auf YouTube ansehen.

Wenn Sie gerade abspülen, und das Baby fängt an zu quengeln, spülen Sie den Teller schon noch fertig ab. Vielleicht auch noch die letzte Tasse. Aber Sie haben Ihrem Kind schon mitgeteilt, in Worten und vielleicht auch mit einem Blick: »Ich bin gleich bei dir!«

Kann die Bindung, wenn sie jetzt nicht erfolgt, später nachgeholt werden?

Man kann schon hinterher nacharbeiten, aber der Prozess ist dann viel langwieriger.

Und was ist, wenn die Bindung nicht im erforderlichen Maß entsteht?

Dann wird das Kind rastlos, haltlos, labil.

Kann ich ein Baby eigentlich zu sehr verwöhnen?

Nein, überhaupt nicht. Man sollte es nach Kräften verwöhnen, indem man seine Signale wahrnimmt, versucht, sie zu deuten und darauf freundlich reagiert. In diesem Sinn steht man dem Kind als Mensch voll zur Verfügung. Und vielleicht verabschiedet man sich jetzt schon von der Vorstellung, Babys oder Kinder könnten darauf aus sein, unser Leben zu bestimmen. Das sind sie definitiv nicht!

Wie weit können wir uns mit dem Baby sprachlich verständigen?

Viel weiter als wir denken. Auch wenn es die Worte an sich nicht versteht, das macht nichts. Es kommt ohnehin in den ersten Wochen und Monaten mehr auf den Tonfall an. Mit dem Baby in einer Kunstsprache zu sprechen, ist also völlig unnötig.

Wenn das Baby gut versorgt wird: Kann es dann trotzdem Kummer geben in seinem Leben?

Natürlich. Wir können nicht immer wissen, wie es dem Baby geht. Das Baby zeigt Verhalten, das sich nicht mit Vererbung begründen lässt oder damit, wie die Geburt gelaufen ist. Das Baby ist von Anfang an auch es selbst – und hat eben auch seine Geheimnisse.

Selbst wenn wir ja wissen: Das Baby wird von Bauchweh geplagt – wir können ihm dieses Bauchweh nicht abnehmen.

Nein, wir können nur versuchen, es zu lindern. Das ist eine schwere Erkenntnis für Eltern. Dass sie und ihr Kind getrennte Personen sind.
Das klingt befreiend und traurig zugleich. Wie versuchen, was geht, aber wir haben das Geschehen nicht in der Hand.
Genau. Sie können nicht für Ihr Baby leben. Nur für das Kind da sein.
Erst recht kann man dann nicht mehr fürs Kindergarten- oder Schulkind leben.
Und vom Jugendlichen wissen Sie dann immer weniger, was in ihm vorgeht.
Ist es meine Aufgabe, das herauszufinden?
Nein. Der Jugendliche wird es zum Teil selbst nicht wissen.
Darf mein Baby mir auch mal auf die Nerven gehen?
Das wird es sicher tun. Wichtig ist, dass man nicht das Baby dafür verantwortlich macht. Sondern sich sagt: Heute fehlt es mir an Nerven, ich hol mir Hilfe. Dann fragt man die Oma, den Partner, eine Freundin, ob sie mal kurz einspringt. Und macht selbst einen Spaziergang.
Muss man das Baby unterhalten?
Wie wollen Sie das denn tun? Das Baby braucht doch kein Programm. Das Baby ist. Und Sie und es versuchen jetzt, miteinander klarzukommen.
Was wäre für ein Baby wirklich bedrohlich?
Wenn sein Ausdruck verhallt, wenn es nicht gehört und nicht gesehen wird. Das macht Babys fertig. Sie brauchen dringend freundliche Antworten von uns auf ihre Signale.
Was kann ein Baby schon, was bringt es mit in die Beziehung?
Es bringt jede Menge empathischer Fähigkeiten mit, auch die Gewissheit eigener Grenzen. Was es nicht kann, ist, dafür zu sorgen, dass diese Grenzen respektiert werden. Babys kommen mit viel Weisheit, aber ohne Erfahrung auf die Welt.

Ab welchem Alter können Kinder für die Einhaltung ihrer persönlichen Grenzen eigentlich selbst sorgen?
Ab dem Alter von acht bis zehn Jahren beginnen sie damit, Sorge für sich zu tragen. Sie können dann ein klares Nein formulieren – und dafür sorgen, dass dieses Nein auch wahrgenommen wird.
Wie prägend sind die ersten drei Jahre im Leben eines Kindes?
Die sind wie der Anker fürs Leben, das ist, glaube ich, eine treffende Beschreibung. Was man in der Zeit an Zuwendung, Mitgefühl, Freude geben kann, zahlt sich tausendfach aus. Es sind auch die Jahre, in denen unsere Erziehung die Kinder am nachhaltigsten prägt.

4 Und jetzt: Ab in die Krippe!

Kommt unser Baby damit zurecht, wenn es auch fremdbetreut wird?

Ab welchem Alter kann man sein Kind bedenkenlos fremdbetreuen lassen?
Schwer so allgemein zu sagen. Insgesamt finde ich: Die ersten Monate sind so entscheidend für die Mutter/Vater-Kind-Bindung, da würde ich ein Baby noch nicht in die Krippe geben. Was nicht heißt, dass es nicht stundenweise auch von der Oma oder der guten Freundin betreut werden kann.
Ist für die Bindung denn entscheidend, dass ein Elternteil tagsüber immer verfügbar ist?
Kleinkinder binden sich an denjenigen, der die meiste Zeit mit ihnen verbringt. Wobei Bindung ja heißt, sich kennenzulernen, einander zu spüren, zu riechen, sich zu berühren. Als Vater oder Mutter wäre ich natürlich gern der, an den das Kind sich bindet.
Aber viele Familien sind auf ein zweites Gehalt einfach angewiesen. Da müssen beide bald wieder arbeiten.
Ja, so ist es im Moment. Dabei sollten wir aber schon im Hinterkopf haben, was der Kinderarzt Herbert Renz-Polster schreibt: dass nämlich Kinder ab dem siebten, achten Lebensmonat sich nur sehr ungern von denjenigen trennen, an die sie sich gebunden haben. Zum Teil zeigen sie dann auch »bei der besten Ersatzbetreuung anhaltende Zeichen von Depression«.
Das werden viele Mütter nicht so gern hören. Die fühlen sich jetzt endlich nicht mehr als Rabenmütter, wenn sie eine Krippe in Anspruch nehmen.

Das Thema ist hochexplosiv, und jede Familie ist ja auch anders. Aber man sollte sich schon bewusst machen: Krippe ist für Kinder anstrengende Arbeit. Ein guter Kompromiss könnte eine gesunde Mischung aus Eigen- und Fremdbetreuung sein.
Kann sich denn ein Baby nicht einfach an mehrere Erwachsene binden?
Das Bindungsprogramm ist, wie Fachleute wissen, nicht wahllos. Schon nach wenigen Wochen beginnt ein Baby, eine Bindungsperson zu bevorzugen. Das ist meist die, die mit ihm auch die meiste Zeit verbringt.
Leidet eigentlich die Kinderliebe zu den Eltern darunter, wenn das Kind zusätzliche Bindungen eingeht?
Nein, sie verliert allerdings ihre Exklusivität. Was jedoch kein Schaden sein muss.
Oft sind doch die Mütter, die allein die Kinder versorgen, auch gestresst.
Deshalb sollen sie auch unbedingt für sich sorgen und sich Auszeiten verschaffen. Die braucht man natürlich schon.
Ist nicht jede Fremdbetreuung sowieso besser als die genervte Mama daheim?
Das kommt doch stark auf die Qualität der Fremdbetreuung an. Die Erzieherinnen in den Krippen und Kitas sind ja auch nur Menschen. Die oftmals heillos überlastet sind.
Die institutionalisierte Erziehung ist also den Eltern nicht automatisch überlegen?
Ganz und gar nicht. Vorausgesetzt mal, die Eltern sind auch bereit, über ihr Verhalten nachzudenken. Kinder lernen zu Hause, ihre Bedürfnisse mit denen der Eltern abzugleichen, das ist sehr wichtig. In der Kita lernen sie, Regeln einzuhalten. Das ist etwas anderes.
Aber, noch mal: Eltern schimpfen doch mit ihren Kindern, sie nehmen alles persönlich und werden leicht ungerecht. Eine Erzieherin

dagegen pocht entspannt auf die Regeln und macht sich keine Sorgen, ob aus dem Kind mal was werden wird.
Ja, das ist der Unterschied. Aber Kinder brauchen Menschen aus Fleisch und Blut um sich herum. Sie brauchen die Mutter, die heute so müde ist, dass sie kein Klaviergeklimper mehr aushält. Die sich morgen dafür gern was vorspielen lässt von der Tochter. Die ihrem Kind persönlich Rückmeldung darüber gibt, wie es ihr geht, was los ist.
Manche Familien haben allerdings derart destruktive Strukturen, dass die Kinder in der Krippe besser aufgehoben sind.
Ja, das trifft nach Angaben von Fachleuten auf etwa zehn Prozent aller Familien zu.
Worauf sollte man achten bei der Wahl der Krippe?
Das Blöde ist ja: Man muss froh sein, wenn man überhaupt einen Platz kriegt. Für mich wäre wichtig: Wie empfinde ich die Stimmung in der Einrichtung? Geht es dort freundlich, entspannt, fröhlich zu? Wie wird mit Kindern umgegangen, die eher auffällig sind? Weil sie beißen, schlagen, einnässen?
Wie sollte mit diesen Kindern umgegangen werden?
Wenn es gleich heißt: »So was gibt es bei uns nicht« – dann wäre diese Krippe für mich gestorben. Wenn ich allerdings höre: »Ach, das kennen wir schon, damit können wir umgehen!«, dann: grünes Licht!
Was ist mit dem Betreuungsschlüssel?
Der sollte auch stimmen. Gut wäre eine Erzieherin/Kinderpflegerin pro drei, vier Kinder. Es ist doch so: Wenn heute eine Mutter Vierlinge kriegt, stürzt die ganze Verwandtschaft zusammen, alle wollen helfen. Aber eine Erzieherin, denken wir, schafft locker sieben Kinder auf einmal. Das kann doch niemand leisten.
Aber die Kita mit der idealen Personaldecke ist nicht bezahlbar.
Wer entscheidet das? Wir wissen längst, dass jeder Euro, den wir in hochqualifizierte Betreuung investieren, eine über zehnprozen-

tige Rendite bringt. Weil aus gut betreuten Klein- und Kindergartenkindern später besser ausgebildete Erwachsene werden, die auch sicherer im Leben stehen. Es ist wirklich absurd, bei den Kleinsten zu sparen.
Sie haben es schon gesagt: Krippenalltag ist für Kinder Arbeit.
Dänische Untersuchungen zeigen bei über 20 Prozent der Krippenkinder zwischen einem Jahr und drei Jahren im Gehirn einen drastisch erhöhten Stresshormonspiegel. Das muss man einfach wissen, wenn man ein Kind für die Krippe anmeldet.
Heißt das auch, dass das Kind nach einem Krippentag Erholung braucht?
Jedenfalls kein Programm mehr. Es reicht, sich mit ihm aufs Sofa zu kuscheln und Musik zu hören.
Welche Qualifikationen brauchen Erzieherinnen?
Sie sollten vor allem auch ihre eigenen Begrenztheiten erkennen. Sich und die Regeln nicht übers Kind stellen. Kinder wie Eltern mögen. Und: Supervisionen sollten eine Selbstverständlichkeit sein.
Aber was ist denn mit der Sozialkompetenz? Ist es nicht gut, wenn schon ein Zweijähriger lernt, sich in eine Gruppe einzufügen? Das wäre ein Argument für die Krippe.
Ich gehe davon aus, dass Kinder, die zu Hause sind, nicht ausschließlich an der Mutter kleben. Die unternehmen doch auch Dinge, und Geschwister gibt es ja vielleicht auch.
Was sollte man bei der Eingewöhnung beachten?
Auf jeden Fall genug Zeit mitbringen. Vier, sechs Wochen, in denen man flexibel mit der Arbeit umgehen kann. Und wenn es mir schwerfällt, das Kind abzugeben, bringe ich es auch besser nicht in die Krippe. Sondern mein Partner. Weil es sonst auch dem Kind schwerer fällt, loszulassen.
Zum Schluss: Was ist also das Beste fürs Kind?
Das Beste gibt es nicht. Sicher kann man sagen: Kleinkinder brauchen konstante Zuwendung.

5 Ich mag dich so (wie du bist)!

Wie liebe ich mein Kind?

Es ist nicht leicht, die Kinder zu lieben, wenn sie nicht machen, was wir wollen. Oder sich ganz anders entwickeln, als wir uns das vorgestellt haben.
Wir sind ja auch nicht Gott. Aber die Kinder nur dann zu lieben, wenn sie uns Bilder malen zum Muttertag: Das ist zu einfach. Nur den zu lieben, der lieb ist! Wir sind das doch auch nicht. Was ich wichtig finde dabei, ist, immer Verhalten und Person zu trennen, zu sagen: „Ich liebe dich, aber es nervt mich total, dass du den Schulranzen in die Ecke fetzt!"
Ist es nicht unsere Aufgabe, alle Seiten unserer Kinder zu lieben?
Nein, warum? Das Kind ist, wie es ist. Einiges an ihm mag ich, vieles liebe ich sogar, manches geht mir schrecklich auf den Keks.
Wir würden unsere Kinder gern bedingungslos lieben.
Aber damit überfordern wir uns. Wir sind Alltagsmenschen, die zu Alltagsliebe imstande sind. Aber nicht zu bedingungsloser Liebe. Wir machen heute ein Beziehungsseminar, und morgen hauen wir den Partner in die Pfanne. Wir alle!
Sollte man nicht versuchen, da an sich zu arbeiten?
Natürlich schon. Wir sollten uns schon immer wieder von Neuem auf den Weg machen. Aber nicht verzweifeln, wenn es nicht rundum gelingt. Wir neigen dazu, die Liebe zu verklären, sie zu hoch zu hängen. Aber sie ist größer, als wir sie fassen können.
Kann man Liebe denn eigentlich lernen?
Ja, und zwar am besten in Beziehung, in Familie. Wie man auch einen Sport oder ein Hobby lieben lernen kann.

Womit fängt man an?
Damit, die liebevollen Gefühle, die wir für die Kinder haben, in liebevolle Handlungen umzuwandeln. Und das Kind als eigenständiges Wesen zu betrachten. Wir haben nicht das Recht, zu bestimmen, welche Eigenschaften unser Kind haben soll!
Das Schlimme ist ja eh: Oft hat es diese Eigenschaften, die mich nerven, von mir.
Deshalb sage ich: Wenn ich mich liebe, wie ich bin, sind mir die anderen recht, wie sie sind.
Was heißt das genau: die liebevollen Gefühle in liebevolle Handlungen umwandeln?
Von mir reden. Von meinen Gefühlen. Und gleichzeitig zu erspüren versuchen, wie es dem Kind geht. Mein Ergebnis überprüfe ich anhand von Fragen: »Es kommt mir so vor, als ob du etwas traurig wärst. Stimmt das?«
Von mir zu reden, heißt: Wenn ich mich ärgere über etwas, keinen Riesenwirbel zu machen, sondern einfach den Ärger zu formulieren? Wenn ich zum Beispiel langsam nicht mehr weiß, was ich kochen soll, weil den Kindern nichts mehr schmeckt?
Genau, dann sagt man: »Ich weiß langsam nicht mehr, was ich kochen soll, und ich ärgere mich auch.« Alles ist gut, solange Sie Ihren Kindern keine Schuld zuweisen.
Warum machen wir das alle nicht längst – es klingt so einfach! Warum geht es immer so schnell um Schuldzuweisungen und Vorwürfe?
Wir haben es in der Regel nicht anders gelernt, oft mussten wir als Kinder die eigenen Gefühle verfälschen, um die Erwachsenen zufriedenzustellen. Und Wut ist nicht das Gefühl, mit dem wir früher willkommen waren.
Jemanden zu lieben, heißt nicht nur zu geben. Sondern auch: zu nehmen, was von ihm kommt!
Ja, und das, was von den Kindern kommt, ist im seltensten Fall, dass sie uns das Frühstück ans Bett bringen.

Meist sind wir die ganze Zeit darauf aus, Bestätigungen zu erhalten dahingehend, dass wir gebraucht und geliebt werden. Wir wollen uns wichtig und bedeutend fühlen!
Da muss man sich irgendwann entscheiden: Will ich lieben – oder mir nur beweisen lassen, wie toll ich bin? Brauche ich wirklich die Bestätigung, dass ich Nudeln kochen kann? Weiß ich das nicht längst?
Viele Leute denken: Liebe heißt, sich aufzuopfern, zu geben.
Nein, das ist falsch verstandene Liebe. Die nötigt den anderen zur Dankbarkeit – oder zur Flucht. Liebe heißt, sich zu zeigen, wie man ist. Und den anderen wahrzunehmen.
Elternliebe kann auch übers Ziel hinausschießen und tyrannisch werden.
Liebe braucht Freiheit, wenn die wegfällt, ist es keine Liebe mehr. Dann wird Liebe missbraucht als Feigenblatt für Kontrolle, das funktioniert nicht.
Andersherum: Dürfen Kinder uns Eltern hassen?
Ja, klar.
Dann sagen sie:»Ich such mir eine andere Mama!«
Das muss man wegstecken. Wer merkt, dass es ihn doch trifft, der redet mit dem Partner darüber.

6 Ich kann nicht einschlafen!

Wie schafft man es, dass abends Ruhe einkehrt zu Hause?

Viele Eltern gehen davon aus, dass sie jahrelang nicht mehr schlafen, wenn das Baby da ist.
Davon würde ich versuchen, wegzukommen. Aber es tut auch gut, sich vorzuhalten: Die Hälfte aller Babys weltweit tut sich schwer damit, einzuschlafen. Man hat also kein Problemkind, nur weil die Abende manchmal länger werden.
Und wenn das Kind wirklich weint und weint – und einfach nicht schlafen kann, was kann man tun?
Sich erst mal natürlich ums Baby kümmern. Es rausnehmen, mit ihm sprechen. Und sich dann aber auch im Lauf der nächsten Tage um die eigene Hilflosigkeit kümmern.
Wie denn?
Indem man sich umhört in der Familie, bei Freunden, Fachleuten. Es ist jetzt die Phase, in der man sein Baby – und sich im Umgang mit dem Kind – kennenlernt.
Das Weinen des Babys ist für Eltern schwer auszuhalten.
Anders kann sich das Baby aber nicht ausdrücken! Was wir keinesfalls machen sollten, ist das Baby verantwortlich zu machen für die Gefühle, die sein Weinen in uns auslöst. Mit unserer Hilflosigkeit, vielleicht auch Verzweiflung müssen wir selbst umgehen.
Und niemand ist ja eine schlechte Mutter, ein schlechter Vater, nur weil das Kind abends weint!
Nein, jetzt ist eher nüchternes Überlegen gefragt: Irgendwas funktioniert noch nicht richtig. Was könnte das sein?

Ist es nicht schon einmal hilfreich fürs Kind, wenn es jeden Abend zur selben Zeit hingelegt wird? Und bald sich ein fester Rhythmus etabliert im Tagesablauf?
Bei manchen hilft das ganz viel, bei anderen aber auch weniger.
Welches Gute-Nacht-Ritual würden Sie empfehlen?
Es ist natürlich schön, wenn Sie vor dem Ins-Bett-Gehen ein bisschen Zeit haben für Ihr Kind, ihm etwas vorlesen oder vorsingen.
Ab wann kann ich einem Baby schon zumuten, allein einzuschlafen?
Das ist keine Altersfrage, das ist eine Babyfrage. Manche Babys schlafen einfach easy allein ein, andere brauchen noch länger Unterstützung. Wir sollten dabei auch bedenken, dass selbstständiges Einschlafen keine evolutionsbiologische Tradition hat. Was heißt: Kinder haben über Jahrtausende in engstem Körperkontakt geschlafen, schon aus Sicherheitsgründen. Der Wunsch nach nächtlicher Nähe steckt in uns einfach noch drin!
Wie kann die Unterstützung beim Einschlafen aussehen? Soll ich dem Kind die Hand halten oder mich gleich dazulegen?
Es ist wichtig zu wissen: Mache ich das wirklich fürs Baby – oder bin ich es, der die Nähe noch braucht? Es tut einem ja gut, wenn man helfen kann oder gebraucht wird. Das ist der erste Schritt.
Viele würden abraten, mit so etwas anzufangen. Weil man es so leicht nicht mehr abstellen kann.
Wichtig ist, herauszufinden, was Sie als Eltern wollen. Wenn es Ihnen zum Beispiel wichtig ist, abends noch Zeit zu zweit zu haben, muten Sie dem Baby ruhig zu, allein einzuschlafen. Vielleicht stellen Sie seine Wiege einfach ins Wohnzimmer, dass es noch Ihre Stimmen hören kann. Viel macht auch Ihre Haltung aus. Wenn Sie darauf vertrauen, dass das Baby schlafen kann, schläft es wahrscheinlich auch.
Manchmal legt man sich dazu zum Kind – und lauert dann nur darauf, dass ihm endlich die Augen zufallen!

Das wird dann auch nicht so gut klappen, das Kind spürt ja Ihre Unruhe.

Wenn man das Abendritual verändern will, sich nicht mehr dazulegen, keine Hand mehr halten will – kündigt man das an?

Ja, man sagt vielleicht: »In den nächsten zwei Wochen will ich das ändern. Kannst du mir dabei helfen?«

Das Baby im Elternbett: eine gute Idee?

Es ist beim Stillen natürlich leichter. Wenn den Eltern das angenehm ist: warum nicht?

Aber dann bleibt das Kind vielleicht jahrelang in der Besucherritze.

Das können Sie doch als Eltern bestimmen. Wichtig ist, wenn Sie das Kind in ein eigenes Zimmer ausquartieren wollen, erst einmal mit dem eigenen schlechten Gewissen zurechtzukommen. Und das Kind braucht dann auch ein bisschen Zeit, um sich umzustellen. Sie können zum Beispiel sagen: »Kannst du dich darauf einstellen, in den nächsten zwei Wochen im eigenen Bett zu schlafen?« Wenn das Kind schon laufen kann, kann man ihm ja freistellen, bei Bedarf nachts auch noch zu den Eltern zu ziehen. Man kann ihm ja eine Kindermatratze neben das Elternbett legen.

Manche Eltern tragen ihr Baby die halbe Nacht herum, wenn es aufgewacht ist und weint.

Ich würde ein weinendes Baby der Einfachheit halber ins Ehebett nehmen. Dann können alle wieder schlafen. Man kann zusätzlich, wenn es schwierig wird, dem Kind auch sagen: »Hör mal, ich muss morgen arbeiten, ich will, dass du schläfst. Wenn das nicht geht, bleib bitte ruhig liegen.« Es tut immer gut, die naheliegenden Dinge zuerst zu sagen.

Was ist mit Einschlafprogrammen – kann man das probieren?

Ich bin kein Freund von Methodik, Kinder brauchen keine Programme, sondern liebende Eltern, die überlegen: Woran könnte es liegen, dass unser Kind nicht so gut schläft? Nicht schlafen zu können, ist ja auch ein Ausdruck von Individualität. Wenn ich dann mit einer Methode ankomme, lerne ich nichts, weder über mich noch übers Kind.

Ich kenne einige Eltern, die Erfolg hatten mit der Methode.

Ich kann es trotzdem nicht empfehlen. Kinder können schlafen, sie müssen es nicht erst lernen. Wir brauchen doch nur zu überlegen, unter welchen Umständen wir schlafen: wenn wir entspannt sind und müde – und vor allem: wenn uns niemand zwingt zu schlafen.

Bis zu welchem Alter legen die Eltern fest, wann das Kind abends ins Bett geht?

Das ist verschieden. Ich denke, ein Schulkind mit sechs, sieben Jahren sollte einschätzen können, wann Bettzeit ist.

Und ab welchem Alter kann man Kindern die Verantwortung fürs Aufstehen übertragen?

Das kommt dann auch mit dem Schulalter. Man kann ihnen also gleich einen Wecker in die Schultüte kaufen.

7 Das schmeckt mir nicht!

Wie kann ich die Mahlzeiten in der Familie genießen – auch wenn nicht jeder den gleichen Geschmack hat?

Man hat mit Liebe gekocht, dann schieben die Kinder den Teller zurück und sagen, dass es ihnen nicht schmeckt.
Das ist für den, der gekocht hat, nicht besonders toll. Aber es kommt eben vor. Geschmäcker sind nun mal verschieden. Dazu muss man auch wissen, dass bei einem Drittel der Kinder die Geschmacksnerven verstärkt auf Bitteres reagieren. Was heißt: Sie haben ein ganz anderes Geschmacksempfinden als wir. Geschmack ist ohnehin etwas sehr Subjektives. Das sollte man respektieren.
Glücklich ist man trotzdem nicht.
Für Ihr Glück ist Ihr Kind aber auch nicht verantwortlich. Was von ihm kam, ist eine authentische, echte Reaktion, die sollte in der Familie erlaubt sein. Überhaupt, dass sich das Kind traut, so etwas zu sagen, spricht für die Beziehung zu den Eltern.
Aber gekocht hat man trotzdem umsonst.
Wieso umsonst? Sie essen doch auch. Das Wichtigste bei der Sache ist, glaube ich, zu verstehen, dass das Kind ja nicht gesagt hat: »Ich mag dich nicht.« Es hat nur einen anderen Geschmack. Ich will auch weg von der Vorstellung, dass man selbst mit Liebe gekocht hat – und es deshalb jetzt den anderen schmecken muss.
Manchmal werden heute Sachen weggeschoben, die gestern noch gern gemocht wurden.
Unser Geschmack ändert sich doch auch. Wir mögen heute, was wir als Kind nicht leiden konnten.

Dann darf sich das Kind also ein Brot machen?
Warum denn nicht?
In manchen Familien gibt es kaum mehr Gerichte, die allen schmecken. Jedes Kind hat andere Vorlieben und Abneigungen.
Da hilft total, wenn man den Kindern sagt, dass sie sich selbst kochen dürfen. Das ist natürlich auch wichtig: dass sich der Rest der Familie die Lust an der Lasagne nicht verderben lässt, nur weil einer keine Lasagne mag. Der darf dann an dem Tag selbst kochen.
Ist ein Grundschulkind, das selbst kochen soll, damit nicht überfordert?
Glaube ich nicht. Einem Achtjährigen können Sie durchaus zutrauen, dass er sich seine Nudeln selber kocht. Und wenn er dann zehn, zwölf Jahre ist, kann er vielleicht schon zwei, drei Gerichte, die er mag.
Oder er isst nur noch Nudeln, ohne Sauce.
Na wenn schon. Ich kenne einen Jungen, der hat sich zwei Jahre vorwiegend von Nudeln ohne Sauce ernährt. Heute ist er erwachsen und fast ein Gourmet.
Es gibt Eltern, die kochen von vornherein jeden Mittag zwei, drei Gerichte.
Wenn das länger so geht, komme ich ja in Teufels Küche, das würde ich nicht machen. Ich finde es besser, die Kinder zu bitten: »Überleg dir langsam, dass du in den nächsten Wochen eine Möglichkeit findest, für dich selbst zu kochen«. Und wenn das Kind Hilfe braucht in der Küche, ist man natürlich auch da.
Manchmal denkt man genervt, dass die Kinder aus einer Laune heraus das Essen zurückschieben.
Aber man kann doch dem Kind nicht unterstellen, dass es nur eine Schutzbehauptung ist, wenn es sagt, dass es ihm nicht schmeckt. Ich finde es wichtig, dass ich das Kind an der Stelle ernst nehme.
Ist es eine gute Idee, die Kinder eine Liste von Gerichten machen zu lassen, die ihnen schmecken?

Ja, aber da droht natürlich dieselbe Gefahr: Der Spinat, der heute auf die Liste kommt, schmeckt nächste Woche vielleicht schon nicht mehr.
Was könnte man also sagen, wenn das Kind den Teller zurückschiebt?
»Ich möchte gern, dass ich auf den Tisch bringe, was dir guttut und schmeckt. Jetzt hab ich das nicht getroffen, ich brauche noch Infos von dir, was du magst.« Das sind auch so Mini-Probleme, über die wir da reden. Nur weil das Kind ein Gemüse nicht mag! Andere wissen nicht, ob sie morgen überhaupt noch was zu essen haben.
Die meisten Eltern wollen, dass die Kinder wenigstens einmal probieren, ehe sie verkünden, dass es ihnen nicht schmeckt.
Das ist die pädagogische Variante, und Erwachsene, die das einfordern, haben ja auch recht. Aber es geht hier eben auch ums Essen, und Essen ist etwas sehr Persönliches. Meiner Meinung nach reicht es, zu sagen: »Ich will gerne, dass du das probierst, es ist ein neues Rezept.« Und wenn nicht probiert wird, ist es eben so. Mein Glück hängt doch nicht davon ab, ob mein Sohn die Semmelknödel probiert!
Soll man das Mittagessen dazu nutzen, die Kinder zu erziehen?
Nein, das lässt man ganz einfach. Kinder kooperieren, auch ohne dass man sie erzieht. Die Stimmung isst man ja immer auch mit. Ich würde überhaupt keine Problemthemen anschneiden am Tisch.
In vielen Familien müssen die Kinder am Tisch sitzen bleiben, bis alle fertig sind mit Essen.
Das muss jede Familie selbst wissen. Wenn man allerdings weiß, dass Kinder zwischen drei und sechs Jahren 2000 Arm- und Beinbewegungen in der Stunde machen, ist auch klar, wie schwer es für sie ist, ruhig dazusitzen am Tisch, nur weil die Erwachsenen noch essen.

Wie viele gemeinsame Mahlzeiten braucht eine Familie?
Eine am Tag wäre schön. Aber vor allem braucht eine Familie entspannte Mahlzeiten.
Wenn Kinder zu dick werden oder zu sehr abnehmen: Wie kann man damit umgehen?
Wenn das Untergewicht langsam abrutscht in Magersucht – dazu kann und will ich nichts sagen. Dann muss man dringend Hilfe holen! Ansonsten ist in beiden Fällen das Gewicht ja nur ein Teil der Kinder. Auf dem rumzureiten, wäre schlimm, es ist die Pflicht von uns Eltern, die Kinder zu nehmen, wie sie sind. Viel sinnvoller wäre, den Fokus auf den gesunden Teil des Kindes zu richten, der ja auch da und lebenskräftig ist. Vielleicht verbündet man sich auch mit einem wirklich guten Kinderarzt, der dem Kind in seiner speziellen Art gewogen ist.

8 Das will ich alleine machen!

Wie kann ich mein Kind beim Selbstständigwerden unterstützen?

Kann ganz schön stressig sein mit einem Zweijährigen. Alles will er selber machen. Fängt jetzt die Trotzphase an?
Ich mag schon den Begriff nicht. Trotzphase, das würde ja heißen: Du machst mit Absicht nicht das, was ich von dir will. Aber in dieser Zeit ab zwei Jahren geht es doch darum, Dinge zu lernen. Die Kinder versuchen, selbstständig zu werden!
Darüber könnte man sich eigentlich nur freuen.
Ja, diese Phase ist ein Geschenk. Der Kerl will jetzt den Pulli selbst über den Kopf ziehen. Wenn ich zu schnell einspringe, vermassele ich ihm die Gelegenheit, das zu üben.
Blöd ist eben, dass man oft auch unter Druck ist. Wenn das Anziehen jetzt ewig dauert, fährt einem vielleicht der Bus in die Arbeit davon.
Das müssen Sie jetzt eben mit einplanen. Und auf der anderen Seite ist es ja auch nicht so, dass Sie jetzt immer machen müssen, was das Kind will. Ich kann ja darauf reagieren, dass es den Pulli selbst anzieht. Ich kann sagen:»Ja, den Pulli gern selbst, bei den Schuhen helfe ich dir dann, sonst kommen wir zu spät.« Letztlich geht es vor allem darum, dass bei aller Hektik, in die man kommen kann, die Würde aller Beteiligten gewahrt bleibt.
Wie wichtig ist es für das Kind, Sachen, die es schon kann, auch selbst zu machen?
Wenn es das will, sollte man ihm auch die Gelegenheit geben, es zu tun. Zu helfen macht ja vor allem den Helfenden glücklich. Der, dem geholfen wird, fühlt sich dabei eher hilflos.

Dann bietet man besser die Hilfe erst einmal nur an, statt sich gleich aufzudrängen?
Es ist besser, zu sagen: »Gib Bescheid, wenn du Hilfe brauchst!« als: »Warte, ich helfe dir! Das kannst du noch nicht!« Eltern sollten ein bisschen demütiger werden. Man ist nicht nur deshalb toll, weil man mit 50 etwas kann, was ein Dreijähriger noch lernen muss.
Was würden Sie sagen statt Trotzphase?
Selbstständigkeitsphase finde ich viel besser. Wir begleiten die Kinder dabei, zu lernen. Der nächste Selbstständigkeitsschub ist dann die Pubertät.
Kann man sagen: Wenn die erste Selbstständigkeitsphase gut gelaufen ist, geht es auch in der zweiten leichter?
Es ist wahrscheinlich schon so, dass, wenn man mit zwei Jahren gute Erfahrungen gemacht hat mit seinen Eltern, man dann als Jugendlicher ihnen auch leichter vertraut. Aber die Eltern haben dann auch quasi eine zweite Chance! Sie können jetzt manches besser machen, was ihnen mit dem kleinen Kind noch nicht so gut gelungen ist.
Manche Eltern kriegen ihre Kinder in der Früh nur ins Auto, indem sie mit Gummibärchen locken.
Das ist Quatsch, und die Kinder lassen sich das fünfmal gefallen. Dann machen sie Geschäfte mit uns und erhöhen die Dosis. Man kommt schnell in Teufels Küche mit so etwas.
Darf ich meinen Zweijährigen, wenn alles schiefgelaufen ist und nichts weitergeht, auch mal einfach packen und ins Auto tragen?
Ja, aber nur ausnahmsweise. Das darf keine Dauermaßnahme werden. Wir würden es auch nicht wollen, dass uns ein Riese packt und woanders hinverpflanzt. Wir sollten rausfinden, warum das Kind nicht mitmacht.
Am besten, man fragt es selber, oder?
Ja, man sagt ihm: »Es muss schlimm für dich gewesen sein, als ich

dich einfach rausgetragen habe. Was könnte ich sonst tun, damit wir loskommen?«

Im Film »Eltern« gibt es eine Szene: Die Mutter will, dass die Dreijährige ein bestimmtes Paar Stiefel anzieht, es ist das einzige komplette Paar. Dann sieht man die beiden draußen: das Kind mit zwei verschiedenen Schuhen. Hätte die Mutter sich durchsetzen müssen?
Nein, finde ich nicht. Meist geht es in solchen Fällen ja nur ums Image. Die Eltern wollen ihre perfekten Kinder vorführen. Wer das als Ziel hat, der sollte noch mal nachdenken.

Manche Jungen haben eine Phase, in der ziehen sie liebend gern Mädchenkleider an.
Auch das ist okay, meist hören sie von selbst auf damit. Das ist eher ein Problem für die Eltern, und ich finde: Da müssen sie durch.

Es gibt doch schon auch Situationen, in denen müssen sich die Eltern durchsetzen gegenüber ihrem Zweijährigen.
Ja, wenn Gefahr im Verzug ist. Auf der Straße, auch beim Umgang mit Küchengeräten. Und natürlich setze ich mich dann durch, wenn es um meine Grenzen geht, die haben wir hier ja noch gar nicht besprochen. Ich sage also zu meinem Zweijährigen: »Ich kann jetzt nicht mit dir spielen, ich will kochen.« »Nein, jetzt brauche ich ein bisschen Ruhe.« »Ich lese noch Zeitung.« Oder auch: »Ich bin komplett müde, bitte lass mich eine Weile in Ruhe.«

9 Ich will nicht!

Wie geht man um mit dem Dauer-Nein eines Zweijährigen?

Es gibt viele Situationen, in denen man mit einem Zweijährigen in Konflikt kommt. Er sagt so gerne Nein! Wir wollen spazieren gehen – ziehst du dich an? Nein! Heißt das, dass man dann den Spaziergang sausen lässt?
Nein, überhaupt nicht. Um den Spaziergang geht es auch gar nicht in erster Linie. Es geht darum, dass das Kind ausprobiert, was passiert, wenn es Nein sagt. Es fängt an, sich abzulösen von den Eltern. Wichtig ist jetzt, das Kind ernst zu nehmen, weniger das Nein.
Wie macht man das?
Man nimmt das Nein nicht persönlich. Aber man muss natürlich damit umgehen, etwa, indem man sagt: »Ich merke, du willst nicht raus im Moment. Ich würde schon gerne gehen. Vielleicht kannst du noch mal darüber nachdenken?« Dann lässt man das Kind eine Weile in Ruhe.
Dann ist vielleicht die Sonne schon weg.
So lange warte ich natürlich nicht. Nur ein paar Minuten! In den meisten Fällen, wenn ich jetzt noch mal sage: »Ich gehe jetzt, wie sieht es bei dir aus? Bitte komm!«, dann kommt es auch.
Und wenn nicht? Man ist ihm schon irgendwie ausgeliefert.
Nein, das sind Sie eben nicht. Das empfinden Sie höchstens so. Das Kind steuert uns nicht, und es ist auch nicht seine Absicht, das zu tun. Es ist ein Teil der Erfahrung, die man als Eltern macht: Man ist nicht allmächtig, aber auch nicht ohnmächtig.

Wenn es also beim Nein bleibt?
Dann ist es wichtig, dass ich selbst jetzt nicht trotzig werde und das Ganze zum Machtkampf aufblase. Bei dem gibt es nur Gewinner und Verlierer. Aber es geht ja darum, dass beide mit Würde aus der Situation rausgehen.
Soll ich nicht versuchen, das Kind jetzt zu überreden? »Schau mal, wie schön die Sonne scheint, wir könnten ...«
Damit würden Sie ein Verkaufsgespräch beginnen, dann reagiert das Kind auch wie ein Käufer. Kauft manchmal, manchmal nicht.
Wie lange dauert eigentlich die Phase, in der das Kind das Neinsagen ausprobiert?
Ein paar Monate, dann hört das wieder auf. Wenn man sich das vergegenwärtigt, ist man vielleicht schon entspannter.
Zur Not lasse ich halt den Spaziergang sausen?
Dabei ist allerdings wichtig, dass Sie nicht in die Schiene reinrutschen, dass Ihr Kind Ihr Leben bestimmt. Das ist keine hilfreiche Haltung. Besser ist es, noch aktiv zu werden, zu überlegen: Könnte das Kind zur Not allein zu Hause bleiben? Kann schnell eine Nachbarin einspringen?
Es kann auch sein, dass das Kind einfach mitmuss?
Ja, das gibt es genauso, dann heißt es: »Heute geht es nicht anders, du musst mitkommen«.
So ein Spaziergang kann eine ziemliche Wichtigkeit bekommen.
Es geht hier auch nicht nur um eine schnelle Lösung, es geht auch um die Langzeitwirkung, die Sie erreichen. Um ein empathisches Miteinander. Es ist so wichtig, das Gefühl füreinander zu behalten.
Und am nächsten Tag wird wieder neu verhandelt.
Genau. Das Kind hat ein Eigenleben, und dazu gehört, dass es nicht immer Lust darauf hat, spazieren zu gehen. Das war schon alles.
Wenn ich den Spaziergang durchsetze, muss ich mit der schlechten Laune meines Kindes leben?

Ja. Was Sie jetzt nicht sagen, ist: »Mach doch nicht so ein Gesicht!« Sonst machen Sie das Kind ja komplett falsch. Vielleicht sagen Sie eher: »Ich freu mich, dass du dabei bist, und hoffe, du hast auch ein bisschen Spaß.«

Muss ich mit einem Zweijährigen eigentlich schon diskutieren?
Überhaupt nicht. Kinder brauchen klare Ansagen. »Bitte hilf mir hier«, »Mach doch bitte das«, »Ich will jetzt dies oder jenes«. Kinder sind froh um klare Menschen, zu denen können sie sich verhalten.

10 Teil schön deine Sachen!

Wie erreiche ich, dass mein Kind ein soziales Wesen wird?

Erwachsene wollen immer, dass ihre Kinder teilen.
Es ist so eine Pseudo-Peace-Welt, in der die, die die Macht haben, zu den anderen, die keine Macht haben, sagen: »Gib doch mal dein Schäufelchen her.« Das ist für die Kinder ganz unlustig. Es geht darum, auch mal etwas behalten zu dürfen, ohne sich gleich unsozial zu fühlen.
Aber ziehen wir damit nicht ein Heer von Egoisten heran?
Aber Sie werfen doch auch nicht Ihre Autoschlüssel aus dem Fenster und rufen dem nächstbesten Passanten zu: »Du kannst gern mal eine Runde mit dem Mini da vorne drehen.«
Wie weit soll man dafür sorgen, dass sich das eigene Kind auf dem Spielplatz sozial verhält einerseits – andererseits auch nicht ausgenutzt wird?
Das allermeiste regeln die Kinder unter sich, da ist es sehr sinnvoll, wenn wir uns raushalten. Worauf ich achten würde, ist, dass sich auf dem Spielplatz keine Stereotypen herausbilden. Dass nicht der eine immer draufzahlt und der andere nur nimmt. Wenn Ihr Kind eher das ist, dessen Sachen von anderen genommen werden, helfen Sie ihm. Und wenn Ihr Kind eher die Sachen der anderen an sich reißt, können Sie doch sagen: »Hör mal, die Schaufel gehört dem Jungen da drüben, gib die mal zurück!«
Kinder reißen sich nicht nur die Schaufeln weg, sie beißen und schubsen einander auch.
Ja, und das ist auch nicht besonders außergewöhnlich. Damit drü-

cken sie einfach ihre Frustration aus. Die beste Medizin dagegen ist dann Beziehungsmedizin – in der Regel braucht da mein Kind mehr Zeit von den Eltern.
In der konkreten Situation, was sage ich da?
»Hör auf!«
Und sonst?
Nichts weiter. Der Rest Ihrer Rede wäre doch nur fürs Publikum, die können Sie sich sparen.
Warum sage ich nicht auch: »Ich ärgere mich so, wenn du anderen Kindern wehtust!«
Weil Kinder sich erst ab dem vierten, fünften Lebensjahr in andere hineinversetzen können. Bei Zwei- und Dreijährigen muss man Fakten schaffen.
Und wenn das Verhalten nicht aufhört?
Es bringt nichts, sich dem Kind gegenüber zu offenbaren. Aus seiner Sicht macht es immer Sinn, sich zu verhalten, wie es sich verhält. Es ist unser Job herauszufinden, was der Grund dafür ist.
Soll ich mein Kind auffordern, sich beim anderen zu entschuldigen?
Nein, das ist doch furchtbar, bitte nicht. Solche erzwungenen Entschuldigungen haben ja nichts mit einer inneren Haltung zu tun, die dienen nur dem Image der Erwachsenen.
Sind Kinder toleranter als wir Erwachsenen? Bei uns ist es doch so: In einer Gruppe von zehn, 15 Leuten sind ein, zwei, die uns sympathisch sind.
Die Persönlichkeit wird immer ausgereifter, man hat auch nicht mehr den Ehrgeiz, möglichst viele Freunde zu haben. Aber unser Anspruch, zwei Kinder sollten miteinander spielen, nur weil sie im selben Alter sind, ist trotzdem ziemlich vermessen. Die schauen sich an und wissen in fünf Sekunden, ob sie zusammen spielen wollen oder nicht.
Muss ich damit zurechtkommen, wenn mein Sohn sich ausgerechnet den Kindergarten-Rambo als Freund aussucht?

Damit kommen Sie zurecht, er hat diese Wahl im Moment getroffen. Wenn es Ihnen gar nicht geheuer ist, können Sie ja vorschlagen, dass die beiden sich lieber bei Ihnen zu Hause treffen.

Doofe Situation: Die Kinder von Freunden kommen zu Besuch und stürzen sich auf die Spielkiste. Das eigene Kind steht etwas verstört daneben. Und jetzt?

Auf in die Schlacht! Sie können aber ruhig zu den Besuchskindern sagen: »Wenn du das und das haben willst, fragst du bitte Paul, ob du es auch nehmen darfst. Sonst geht es nicht.«

Also auch hier: kein Teilenmüssen?

Wenn Sie Ihrem Kind dauerhaft vermiesen wollen, zu geben, dann fordern Sie das von ihm. Ihr Kind hat das Recht zu sagen: »Diesen Bagger darf kein anderes Kind anfassen, der gehört mir.«

Und mein Kind darf die Kinder von Freunden nicht mögen?

Natürlich, ohne Begründung.

11 Du weinst? Dann bin ich auch traurig!

Kinder kooperieren immer – was können wir Eltern daraus lernen?

Was heißt das: Kinder kooperieren immer, wie Jesper Juul sagt?
Das heißt, dass sie mitmachen. Wobei mit mitmachen nicht gemeint ist, dass sie folgen, wie wir uns das oft vorstellen. Sondern, dass sie in ihrem Verhalten spiegeln, was gerade in der Familie los ist.
Das heißt, sie weinen, wenn die Eltern traurig sind?
Ja, zum Beispiel. Sie kooperieren mit den Gefühlen der Eltern. Oder sie können nicht lernen in der Schule, wenn die Elternbeziehung bis zum Bersten gespannt ist.
Es gibt auch spiegelverkehrte Kooperation. Wie sieht dann die aus?
Dafür gibt es ein ganz gutes Beispiel. Angenommen, die Mutter und die Tochter sind zu Hause, es klingelt, Tante Anna kommt zu Besuch. Die Mutter mag sie nicht besonders, das weiß auch die Tochter. Außerdem haben die beiden gerade schön gespielt, sie fühlen sich gestört durch den unangekündigten Besuch. Aber die Mutter zeigt davon nichts, als sie die Tür aufmacht. Sie lächelt ihre Schwester freundlich an. Aber ihr Kind, das sie auf dem Arm hat, dreht sich weg und fängt an zu weinen.
Das Kind drückt also die wahren Gefühle der Mutter aus?
Ja, die Kinder bringen zum Ausdruck, was die Erwachsenen unterdrücken.
Aber das würde ja heißen, dass die Kinder keine eigenen Gefühle entwickeln, die nicht von den Eltern abhängen. Es könnte doch

ebenso gut sein, dass die Tochter einfach keine Lust hat, jetzt das schöne Spiel mit der Mutter zu unterbrechen. Und sich darum ärgert.
Ja, klar, das ist genauso möglich. Beides ist eine Hypothese, das Kind hat natürlich auch seine eigenen Befindlichkeiten.
Ganz verdreht wäre es, wenn die Mutter ihre Tochter für ihre ablehnende Haltung der Tante gegenüber schimpfen würde. Nach dem Motto: »Was hast du denn, kannst du nicht freundlich sein zu Anna?«
Ja, dann macht die Mutter das Kind auch noch falsch dafür, dass es eigentlich zum Ausdruck bringt, was gerade los ist.
Aber wenn ein Kind sich im Supermarkt auf den Boden wirft, weil es keine Schokolade bekommt – kooperiert es dann auch?
Ja, und zwar mit etwas, das sich in der Familie abspielt. Vielleicht musste die Mutter mit sich ringen, überhaupt ein Nein auszusprechen. Vielleicht geht es in der Familie darum, dass man dem anderen nichts abschlagen darf. Offenbar ist es das Kind nicht gewohnt, Frustration auszuhalten. All das zeigt es, indem es sich auf dem Boden wälzt.
Da nützt es dann auch wenig, das Kind für sein Verhalten zu schimpfen.
Nein. Das Kind verhält sich, wie es sich verhalten kann. Es zeigt in seiner Reaktion, was es bisher gelernt hat.
Wenn das Kind sich also kooperativ verhält – wie würden wir dann mit diesem Verhalten ebenfalls kooperativ umgehen?
Die Mutter müsste zum Kind sagen: »Liebes Kind, wir haben einen großen Fehler gemacht, wir haben dir nicht beigebracht, mit Frustration umzugehen. Ich habe es nicht besser gewusst, ich werde das jetzt ändern. So ein Theater im Supermarkt wird es nicht mehr geben.«
Das heißt, in dem Fall würde die Mutter das Verhalten des Kindes sozusagen lesen. Anstatt es zu bewerten. Und was sie herausliest, ist, dass sie als Mutter in einem Punkt noch nacharbeiten muss.
Ja, Kinder sind wie Seismographen, sie informieren uns darüber,

was läuft in der Familie, was wir geleistet haben. Wo die wunden Punkte sind im System.
Eltern denken gern, ihr Kind handelt aus Trotz.
Das ist ein großes Missverständnis. Wenn Kinder sich destruktiv verhalten, tun sie das für die Familie. Nicht, um den Eltern eins reinzuwürgen. Sie zeigen uns einfach, was noch nicht klappt.
Es ist nicht einfach, in Situationen wie der im Supermarkt seine Gefühle zu beherrschen. Man ist voller Scham, Wut, Verzweiflung. Wohin mit all diesen Emotionen?
Da ist Bewusstwerdung die Medizin. Sobald man versteht, wie so eine Situation entstanden ist, wieso man der Tochter bislang so schwer etwas abschlagen konnte, hat man die Wahl, sich auch anders zu verhalten.
Was könnte man dem Kind im Beispiel mit dem unangekündigten Besuch sagen?
Vielleicht: »Ich glaube, ich verstehe, warum du weinst.« Mehr muss man in Gegenwart der Tante ja nicht sagen. Hinterher kann man noch sagen: »Du hast gemerkt, dass ich mich nicht besonders über ihren Besuch gefreut habe?«
Kooperieren Kinder von klein auf?
Ja, Kinder kooperieren von Anfang an, ihr ganzes Leben.
Aber kooperieren sie auch weiterhin – auch wenn wir ihr kooperatives Verhalten ständig bewerten? Kann es nicht vorkommen, dass sie dann auch mal aufgeben?
Kinder kooperieren ganz arg mit den Eltern, in vielen Fällen über Schläge und Missbrauch hinaus. Die stellen das eigene Wohl, ihre eigene Integrität, immer unter das Wohl der Familie, einfach, weil sie dazugehören wollen. Dass sie sagen: »Jetzt reicht es« – das passiert in der Regel erst in der Pubertät. Wenn überhaupt.
Kooperieren auch Jugendliche noch?
Ja, wenn sie das nicht machen würden, stünden sie eines Tages vor uns und würden uns sagen: »Ich geh jetzt, tschüss.«

Wir Erwachsenen verstellen uns ständig, wir flunkern, taktieren, intrigieren. Wie weit kooperieren wir eigentlich noch?
Wir haben eben oftmals gelernt, dass wir nicht richtig sind – so, wie wir uns nun mal fühlen. Also verbiegen wir uns lieber. Allerdings: Nach den Terroranschlägen in New York im September 2001 haben die Leute einander geholfen, schnell rauszukommen aus den Häusern.
Man kann also sagen: Wir kooperieren als Kinder. Und als Erwachsene, wenn Not am Mann ist.
Das auf jeden Fall.
Wie ist das: Kooperieren wir auch, wenn wir längst selbst Familie haben, noch mit den eigenen Eltern? Machen wir deshalb manchmal dieselben Erziehungsfehler, unter denen wir schon gelitten haben?
Das kann so sein, muss aber nicht. Es ist aber schon so, dass uns unsere Erziehung tief in den Knochen steckt, oft kommt das erst raus, wenn wir selbst Kinder haben.
Wenn Eltern sich trennen, muss es Kinder förmlich zerreißen. Mit wem sollen sie kooperieren?
Ihre erste Form der Kooperation ist es dann, sich an der Trennung schuldig zu fühlen. Weil sie die nicht verhindern konnten.
Es ist ziemlich anstrengend, immer Spiegel zu sein – noch dazu, wenn das gar nicht gewürdigt wird. Woher nehmen Kinder eigentlich die Kraft zur Kooperation mit den Eltern?
Kinder lieben ihre Eltern in den ersten zehn Jahren bedingungslos. Aus dieser Liebe heraus ist ihre Kooperation zu verstehen.
Es gibt auch Kinder, oft von Alleinerziehenden, die kooperieren zu sehr mit den Eltern.
Diese Kinder passen sich komplett an. Um zu Hause das System aufrechtzuerhalten, geben sie ihre eigene Integrität auf.
Gibt es auch Eltern, die überkooperieren?
Ja, das ist das Standardmodell vieler moderner Eltern, die nach der Pfeife ihrer Kinder tanzen. Das ist ungut für beide Seiten.

12 Ich passe auf mich auf!

Wie schütze ich meine Integrität – und auch die meines Kindes?

Unsere Integrität zu schützen: Was heißt das genau?
Das heißt, gut für sich zu sorgen, für sich da zu sein, aufzupassen, dass meine Batterie sich nie ganz leert. Gut mit sich selbst umzugehen. Was alles mit Egoismus überhaupt nichts zu tun hat.
Können Kinder ihre Integrität schon selbst schützen?
Nein, sie geben ihre Integrität fast jederzeit auf, um mit uns zu kooperieren.
Wenn sie heute gedemütigt worden sind, sitzen sie morgen mit den Eltern wieder am Tisch, als wäre nichts gewesen.
Ja, sie opfern sich, sie stecken die seelischen und auch körperlichen Misshandlungen weg, weil sie dazugehören wollen. Weil sie den Ausschluss am allermeisten fürchten.
Warum wehren Kinder sich nicht gegen Kränkungen ihrer Person?
Das können sie (noch) nicht. Sie kommen nicht zu dem Schluss, dass die Erwachsenen verkehrt handeln. Für sie ist klar, dass etwas mit ihnen nicht stimmt. Ein Baby, das nicht beachtet wird, entwickelt keinen Hass auf die Eltern. Sondern geht davon aus, dass der Fehler bei ihm liegt.
Da kann man überhaupt keinen Selbstwert aufbauen!
Nein, diese Kinder häufen stattdessen Schuldgefühle an.
Das heißt, die Wahrung der persönlichen Grenzen der Kinder ist eigentlich Elternpflicht Nummer eins.
Ja, das ist eine große Verantwortung. Und ebenso wichtig ist es natürlich, dass auch die Eltern auf die Einhaltung ihrer Grenzen

pochen. Vom Beispiel der Erwachsenen lernen wiederum die Kinder, wie man bei sozialer Interaktion seine Integrität wahrt.
Was wir selbst nicht immer schaffen. Oft werden wir von Situationen einfach überrollt. Und bereuen hinterher bitter, dass wir nicht rechtzeitig Stopp gesagt haben.
Mit unserem Verhalten pendeln wir immer zwischen Integrität und Kooperation. Ein Gleichgewicht zu finden, ist oft nicht einfach. Das ist ein Lebensthema, das uns im Job, in der Familie, auch mit Freunden begegnet.
Probleme in der Familie ergeben sich oft auch dann, wenn man sich zu sehr abhängig von den Gefühlen des anderen macht. Man will, dass alle sich gut fühlen.
Viele Paare haben dieses Problem, ich sag immer, die sind zu stark verheiratet. Aber ich kann nicht die Verantwortung für die Gefühle anderer übernehmen.
Wie können wir noch dazu beitragen, dass unsere Kinder ein Gefühl für ihre Integrität entwickeln, dafür, was ihnen guttut, was nicht?
Indem wir selbst authentisch und aufrichtig zu den Kindern sind, ihnen keine Unverschämtheiten auftischen. Unsere Kinder brauchen das Gefühl, wertvoll für ihre Umgebung zu sein – genau so, wie sie sind. Wir müssen sie wahrnehmen, so differenziert wie möglich.
Wann kränken wir die Integrität eines Kindes?
Wenn wir ihm vermitteln, dass es falsch ist. Darauf reagieren Kinder mit Selbstbeschuldigung.
Wenn man überkooperiert, muss man doch gleichzeitig auf die anderen eine Wahnsinnswut entwickeln. Wo wandert diese Wut hin?
In einen großen Rucksack, den wir mit uns herumschleppen und der im Lauf des Lebens immer größer wird. Wenn wir dann erwachsen sind, sollten wir den mit einem Freund, einem Coach oder Therapeuten auspacken. Wobei ich nicht glaube, dass es so wichtig ist, genau an den Schmerzpunkt zu kommen – und die

ursprüngliche Demütigung benennen zu können. Es reicht, eine Ahnung davon zu erhalten, was gewesen sein könnte.
Jugendliche, die selbstzerstörerisch agieren: Wie kann man denen helfen?
Indem man mit ihnen zusammen herausfindet, was ihr selbstzerstörerisches Verhalten antreibt. Welche Not sie damit ausdrücken. Selbstzerstörerisches Verhalten ist ja die ultima ratio, das Beste, was mir in meiner Situation einfällt, ein äußerst starkes Notsignal. Dem muss man nachgehen.

13 Das hast du toll gemacht!

Wie viel Lob brauchen unsere Kinder?

Muss ich meine Zweijährige, die ja jetzt alles alleine machen will, auch immer loben, wenn sie was geschafft hat? Damit sie motiviert ist?
Auf keinen Fall. Sonst wird sie nur abhängig von Ihrem Lob.
Was sag ich denn dann, wenn sie mir ein Bild zeigt, das sie gemalt hat?
Dann sagen Sie vielleicht: »Das gefällt mir, was du gemalt hast.« Oder: »Ich freue mich darüber, dass du gern malst.«
Und: »Schön ist das geworden« oder: »Du malst wirklich toll« kann ich nicht sagen?
Lieber nicht. Weil Sie damit dem Kind ein Ideal vorgeben, dem es ab dann vielleicht nachläuft. Weil es wieder das Lob hören will. Sie könnten auch einfach sagen: »Ich hab schon gesehen, wie vertieft du warst ins Malen. Es scheint dir Spaß zu machen, das freut mich.«
Ist diese Rückmeldung dem Kind nicht zu kompliziert? Es will doch hören, dass das Bild schön ist, wenn es damit zu mir kommt.
Das ist nicht gesagt. Es will Ihnen vielleicht einfach nur überhaupt zeigen, dass es gemalt hat.
Ich sage also vielleicht auch nur: »Ach, du hast ein Bild gemalt? Zeig mal her.« Und lasse mir dann erklären, was alles sein soll?
Können Sie machen.
Und wenn das Kind fragt: »Und, wie ist es?«
Ich würde eine Bewertung à la: »Toll hast du das gemacht!« vermeiden. Sie können doch sagen: »Ich finde es schön, mir gefallen die Farben hier, die Formen dort.«

Aber Lob fühlt sich doch toll an, man kennt es von sich selbst. Wer gelobt wird, fühlt sich gleich wertvoller. Oder? Das würde man dem Kind doch auch gönnen.
Mit dem Gelobtwerden ist es wie beim Shoppen: Sie wollen immer mehr davon. Lob führt im Gehirn, sagen Fachleute, zur Ausschüttung von Glückshormonen. Damit kann man es leicht missverstehen als Instrument zur Steuerung der Kinder.
Wer zu viel gelobt wird, läuft also nur noch dem Lob hinterher?
Ja, Kinder, die zu viel gelobt werden, lechzen danach. Man muss positives Verhalten nicht eigens loben. Die Kinder lernen dadurch nur, nach Aufmerksamkeit zu gieren. Anstatt sich einfach passend zu verhalten.
Und wenn mein Kind zum ersten Mal etwas geschafft hat, was es bisher nicht konnte: Es steht freihändig oder es fängt den Ball erstmals auf?
Natürlich können Sie auch mal sagen: »Siehst du, jetzt hat es geklappt, Glückwunsch!« Oder auch: »Toll, jetzt hast du den Ball gefangen!« Es sollte nur nicht zur Strategie werden – nämlich der, dass Sie durch das viele Lob Leistung erzeugen wollen.
Wenn Lob für das Kind nicht so gut ist, was braucht es stattdessen?
Anerkennung. Was das Kind tut, wird anerkannt. Aber eben: nicht bewertet. Das ist der Unterschied. Lob ist, als würden Sie ein schönes Essen, das auch so bestens schmeckt, zusätzlich mit Schokolade überziehen.
Stärkt denn Lob nicht das Selbstvertrauen?
Doch, das Selbstvertrauen schon. Aber nicht das Selbstwertgefühl. Aber Selbstvertrauen ohne Selbstwertgefühl wächst sich leicht aus zum Narzissmus. Selbstvertrauen kriegt das Kind von allein, wenn es merkt, was es alles gut kann. Was es braucht von uns, ist eine Stärkung seines Gefühls für sich selbst, es muss lernen, wer es überhaupt ist. Das Selbstwertgefühl sagt mir, wer ich bin. Mit Selbstvertrauen zeige ich, was ich kann.

Wie vermittelt man Selbstwertgefühl?
Durch möglichst persönliche Rückmeldungen. Deren Inhalt: Ich bin okay wie ich bin, und du bist es ebenso. Man lässt dem anderen die Freiheit zu sein, wer er nun mal ist.
Man überlegt also, ehe man zum automatischen Loben ansetzt: Kann ich nicht lieber etwas Persönliches sagen? Was fällt mir auf am Bild? So etwas?
Ja, so lernt das Kind auch etwas über sich. Und Sie lernen etwas übers Kind. Das Beschreibende ist immer näher an der Anerkennung als das überhöhte Lob.
Man selbst will ja auch nicht für jeden Käse gelobt werden, das stimmt. Dann würde man sich gar nicht ernst genommen fühlen.
Sie können sich das ja auch mal vorstellen: Ihr Mann kommt heim und sagt Ihnen: »Wie schön du gebügelt hast!« Da kämen Sie sich eher blöd vor, oder?
Na ja, ich bügle ja schon das halbe Leben.
Es geht darum, dass Sie sich behandelt fühlen würden wie ein Objekt, das durch Lob und Tadel gesteuert wird.
Kann man denn Situationen, in die man mit Kindern kommt, vergleichen mit Beziehungen unter Erwachsenen?
90 Prozent von dem, was Sie von einem erwachsenen Freund nicht hören wollen, sollten Sie auch nicht zu Ihren Kindern sagen.
Was ist mit Belohnung? Soll ich mein Kind dafür belohnen, dass es sein Zimmer aufgeräumt hat? Oder gleich sagen: »Räum auf, dann spendier ich dir ein Eis?«
Ich finde es blöd, Kinder zu bestechen – damit sie meine Vorstellungen erfüllen. Und es kommt früh genug, dass die Kinder von sich aus vielleicht fragen: »Krieg ich was dafür, wenn ich dir im Garten helfe? Das Werkzeugregal aufräume?«
Und, soll man das dann machen?
Ja, warum nicht. Aber bitte nicht, weil man sich unter Druck gesetzt fühlt von den Kindern. Oder aus schlechtem Gewissen

heraus, weil man sich nicht traut, auch mal einen Dienst an der Gemeinschaft einfach so einzufordern. Das kann man nämlich durchaus.
Ich kann also vom Zwölfjährigen erwarten, dass er auch mal den Rasen mäht?
Natürlich. Gut ist, wenn Sie zeitlich ein wenig flexibel sind und etwa sagen: »Kannst Du in der nächsten Woche den Rasen mähen, ich schaffe es nicht!«.
Wenn er es nicht macht?
Dass er den Rasen heute nicht mäht, ist ja nicht das Ende der Fahnenstange. Es ist ein erster Schritt in den Verhandlungen mit dem Kind über Mitarbeit im Garten. Und wenn es heute nicht funktioniert, probiere ich es eben morgen nochmal. Es ist auch wichtig, sich zu vergegenwärtigen: Wenn der Rasen nicht gemäht wird, passiert das nicht aus Böswilligkeit. Die Eltern sollten herauszufinden versuchen, warum der Sohn in dem Punkt nicht mitmacht.
Wenn man auf Lob verzichtet: Dann lässt man auch das Tadeln sein?
Wenn mir das Verhalten meiner Kinder nicht passt, dann sage ich das natürlich. Aber das ist kein Tadel in dem Sinn, wie wir ihn kennen. Sondern ein schlichter Kommentar zum Verhalten, das mir gerade nicht gefällt.

14 Du bist schuld!

Wie übernehme ich Verantwortung in der Familie?

Leider bin ich nicht perfekt. Ich mache Fehler! Weshalb ist es so wichtig, die Verantwortung dafür zu übernehmen?
Da steckt der Wurm schon in der Haltung. Wir sind alle fehlerhaft, es ist unnötig, dass man sich deshalb schlecht fühlt. Wobei es natürlich schon Ziel sein soll, sein Fehlverhalten zu ändern.
Und wenn ich die Verantwortung übernehme für alles, was mir nicht gut gelingt ...
... dann schiebt man den Kindern für die entgleiste Situation nicht die Schuld in die Schuhe.
Bin ich für das familiäre Miteinander in vollem Umfang verantwortlich? Auch wenn das Kind tobt, schreit, mault?
Ja, der Ton, der zu Hause herrscht, liegt in Ihrer Zuständigkeit. Das kann ich Ihnen nicht abnehmen.
So viele Eltern jammern über ihre Kinder. Die sollten eigentlich über sich selbst jammern?
Die sollten was ändern! Wer immer nur jammert, will ja nichts ändern.
Wenn ich also will, dass zum Beispiel mein Sohn von jetzt an im Haushalt mehr hilft, sage ich ihm ...
» ... ich habe beschlossen, dass ich mehr Hilfe brauche. Von dir!!!«
Man fühlt sich gleich viel freier, denn: Man kann etwas tun!
Genau, man hat wieder Handlungsspielraum.
Andererseits: Wenn ich die Verantwortung für mein Handeln übernehme, merke ich erst, wie viel mir ständig danebengeht!

Siehe oben: Wir sind! Wir sind, wie wir eben sind in unseren Unfähigkeiten. Es ist unnötig, sich schlecht zu fühlen, weil man Fehler macht. Alle sind fehlerhaft.

Wie viel Fehlerhaftigkeit unsererseits halten unsere Kinder denn aus?

Viel! Und sie halten unsere Fehlerhaftigkeit sehr gern aus und mit Liebe. Vorausgesetzt: Wir stehen dazu.

Das Schlimme ist ja, dass uns oft die gleichen Fehler immer wieder passieren.

Vor allem aber dann, wenn wir nicht die Verantwortung dafür übernommen haben.

Und wenn man erkannt hat, dass etwas falsch gelaufen ist: Entschuldigt man sich dann dafür bei den Kindern?

Mit dem Entschuldigen finde ich es so eine Sache: Das impliziert ja, dass der andere mir verzeihen soll. Besser finde ich, zu sagen: »Es tut mir leid.«

Wie könnte man sich zum Beispiel ausdrücken?

Na ja, vielleicht sagt man: »Vorhin, als wir uns gestritten haben, sind mir Sachen rausgerutscht im Zorn, die tun mir jetzt leid. Ich will weiterhin nicht, dass du an den Computer gehst, aber ich wollte dich nicht verletzen.«

Ist es sinnvoll, sich auch für Verhalten zu entschuldigen, das schon eine Weile zurückliegt?

Je nachdem, wie wichtig es ist. Es kann wie Heilsalbe wirken, wenn man dem Kind sagt: »Hör mal, vor zwei Jahren habe ich dich im Streit manchmal ins Zimmer geschickt, ich muss da oft daran denken. Ich will dir sagen: Es tut mir immer noch leid, und ich hoffe, ich mache das nie mehr!«

Das könnte auch zur Masche werden – sich in einer Tour zu entschuldigen und so, was war, zu bereinigen.

Darum geht es ja gar nicht. Aber man kann doch sagen: »Ich war früher oft unsicherer als heute, und ich glaube, mir sind Sachen passiert, die nicht toll waren für dich. Hast du schon gemerkt, dass ich versucht habe, das zu ändern?« Man spricht wirklich nur an, was einen zutiefst bewegt. Wenn Sie sich schnelle Absolution erhoffen, müssen Sie in die Kirche gehen.

Ist das Kind denn nicht irritiert, wenn man die alten Geschichten wieder aufwärmt? Vielleicht kann es sich an die entsprechenden Situationen gar nicht mehr erinnern.

Nein, fürs Kind ist das eine schöne Botschaft. Es merkt, die Eltern reflektieren ihr Verhalten.

Dem einen oder anderen ist vielleicht auch mal die Hand ausgerutscht.

Darüber würde ich unbedingt reden und etwa sagen: »Damals habe ich dich geschlagen, und das ist indiskutabel! Ich werde alles tun, damit mir das nicht mehr passiert!«

Warum ist es uns eigentlich so fremd, die Verantwortung zu übernehmen für unser Handeln? Der erste Reflex, wenn was schiefläuft, ist doch, einen Schuldigen zu suchen!

Weil wir, sobald wir einen Schuldigen haben, meinen, unser Problem gelöst zu haben. Beziehungen werden aber, wenn dieses System fortbesteht, immer mehr zum Egotrip. Schuld tötet Beziehung.

Am liebsten wäre es einem, man würde gar nicht erst so viele Fehler machen.

Erst wenn wir tot sind, machen wir keine Fehler mehr. Perfekt sein zu wollen als Eltern: Das ist absurd. Und unmöglich. Wir tun uns keinen Gefallen, wenn wir uns am Ideal messen.

Wie weit reicht eigentlich die Verantwortung der Eltern fürs Kind?

In den ersten zwei Jahren ist sie existenziell und sehr umfassend. Später, vielleicht, wenn das Kind im Kindergartenalter ist, fangen wir an, ihm kontinuierlich Verantwortung zu übertragen. Damit es mit 18 ins Leben treten kann.

Noch mal: Verantwortung zu übernehmen heißt also, sich zu über-

legen: So wie alles läuft zu Hause – bin ich damit zufrieden? Reicht es mir? Oder will ich etwas ändern?
Und zusätzlich überlegen Sie: Geht es denn den Kindern gut? Das könnten Sie bei der Gelegenheit mal erfragen. Ich bin ein Freund von Familienkonferenzen. Damit kommt dann eine Kultur des Reflektierens in die Familie, die jedem guttut. Und es ist wunderschön, für die eigenen Gefühle Worte zu finden.
Wenn ich etwas 100 Mal gesagt habe, ohne Erfolg, dann liegt das nicht am Kind, sondern an der Art, wie ich mich ausgedrückt habe?
Ja, offenbar haben Sie nicht die richtigen Worte gefunden. Sie können Ihrem Kind das ja jetzt auch so sagen: »Ich hab dir das schon 100 Mal gesagt, aber es hat nicht funktioniert. Ich probier's jetzt mal anders … Ist es jetzt bei dir angekommen?«
Und ich sage eben nicht: »Kannst du nicht endlich mal hören? Ich bin es leid! Ich rede und rede und dir ist es total egal!«
Nein, bitte, das alles nicht. Weil das Kind damit schuldig gemacht wird dafür, was mir nicht gelingt.
Wie lange dauert es, bis eine derartige Kultur der Verantwortung in der Familie Wurzeln schlägt?
Sobald Sie das erste Mal eigenverantwortlich gehandelt haben, hat das Auswirkungen. Bis sich das ganze Zusammenspiel in der Familie nachhaltig ändert – das kann unter Umständen auch ein, zwei Jahre dauern.
Leider gibt es auch Schuld, die ist nicht entschuldbar. Körperliche und sexuelle Gewalt.
Das Einzige, was da hilft, wenn etwas helfen kann: Die Eltern müssen dazu stehen. Die Schuld kann ihnen allerdings niemand abnehmen, die müssen sie allein tragen.

15 Heute machen wir eine Familienkonferenz!

Wie geht das – ein Familiengespräch nach Regeln?

Familienkonferenz: Was soll man sich darunter vorstellen?
Vielleicht sollte man statt Familienkonferenz besser sagen: Familiengespräch. Es geht darum, sich innerhalb der Familie regelmäßig zusammenzusetzen und einander zuzuhören. Wobei zwei Regeln zu beachten sind: Ich teile den anderen nur mit, wie es mir geht, in meinem Leben. Was von den anderen kommt, wird nicht kommentiert.
Ich kann doch auch einfach beim Mittagessen erzählen, wie es mir geht, dazu brauche ich doch keine Konferenz?
Ja, es ist fast erschreckend, dass man dem einen dermaßen formalen Rahmen geben muss, weil es für uns gar nicht mehr selbstverständlich ist, einfach ganz unaufgeregt einander zu berichten, wie man sich fühlt.
Aber warum geht das nicht ohne Regeln und formalen Rahmen?
Ein Familiengespräch ist noch einmal etwas anderes als eine Unterhaltung. Es ist eben keine Unterhaltung. Ich frage nicht nach, ich nehme nur zur Kenntnis, was der andere gesagt hat.
Unter welchen Umständen ist es sinnvoll, ein Familiengespräch zu etablieren oder abzuhalten? Wenn es Probleme gibt?
Nein, das ist genau das Missverständnis. Wenn man die Konferenz dann etablieren will, wenn sich eine Katastrophe schon anbahnt: Dann funktioniert es nicht mehr. Das strapaziert die Beteiligten viel zu sehr. Das Wesen des Familiengesprächs ist seine absolute Absichtslosigkeit.

Das heißt, wenn es eigentlich nichts Wichtiges zu sagen gibt, fängt man damit an?
Am allerbesten beginnt man sogar dann, wenn Eltern erst noch Eltern werden. Oder gerade Eltern geworden sind, und die Kinder sind noch klein. Man schiebt die Wiege an den Tisch, erzählt einander, was gerade so anliegt im eigenen Leben, jetzt, in diesem Moment. Vielleicht zündet man anfangs noch eine Kerze an dazu. Später können Sie sich auch beim Autofahren austauschen, man bekommt Routine.
Noch mal: Was bringen einem die formalen Vorgaben beim Familiengespräch? Das klingt ein bisschen gezwungen, als würde man vor der Familie ein Referat halten. Man kann sich doch auch so über das Leben der anderen auf dem Laufenden halten.
Was man lernt bei regelmäßigen Familienkonferenzen, ist, dem anderen zuzuhören. Auf der anderen Seite bekommt man Übung darin, die eigenen Gefühle in Worte zu fassen. Und indem man ja auch ins Unreine spricht und unfertige Gedanken formuliert, erfährt man, wie man tickt. Mit der Zeit entwickelt man Mitgefühl mit sich selbst – und natürlich auch mit den anderen.
Die größte Hürde dürfte sein, überhaupt damit anzufangen. Es klingt so ungewohnt.
Man muss sich einen Schubs geben und es probieren. Mit seinen ganzen Fähigkeiten und Unfähigkeiten von sich erzählen. Die Familie ist ja gerade der Platz, wo man sehr unperfekt sein darf. Ich versuche, mich möglichst so zu zeigen, wie ich bin.
Worüber soll, kann, darf ich sprechen, was könnten Themen sein?
Alles, was Sie betrifft. Sie können zum Beispiel erzählen: »Ich habe morgen in der Arbeit ein Gespräch mit dem Chef, davor fürchte ich mich ein bisschen.« Oder Sie sagen: »Heute habe ich die S-Bahn verpasst und war darüber beinahe verzweifelt. Ich glaube, ich bin fast schon wieder urlaubsreif – dabei ist erst März!«
Mit den Kindern hat das ja gar nichts zu tun?

Nein, denn die Familie ist ja auch nicht Ihr ganzes Leben, sondern nur ein Teil davon.

Was heißt es genau, dass ich nicht kommentieren darf, was die anderen sagen? Und wenn der Sohn ankündigt, dass er heute mal keine Hausaufgaben machen wird?

Dann nehmen Sie das erst mal hin.

Und hinterher sage ich ihm dann: »Du wirst natürlich Hausaufgaben machen!«?

Das sollten Sie bitte auf keinen Fall tun, sonst ist das Vertrauen erst mal zerstört. Und Ihr Sohn wird Ihnen eine Zeitlang nichts mehr sagen. Dass er das getan hat, ist ein Vertrauensbeweis!

Darf ich denn nie meine Meinung sagen zu Themen, die in der Familienkonferenz angerissen wurden?

Doch, aber dafür brauchen Sie eine Einladung. Sie können zu Ihrem Sohn sagen: »Was du letztens im Familiengespräch gesagt hast, beschäftigt mich noch, ich würde mit dir darüber gern noch mal reden. Darf ich das denn, und sagst du mir, wann es dir passt?«

Wie oft soll man ein Familiengespräch abhalten, und ist es gut, einen fixen Termin auszumachen, etwa: jeden dritten Freitag im Monat?

Sinnvoll finde ich alle 14 Tage, mit kleinen Kindern reicht es auch einmal im Monat. Ob man sich auf einen fixen Termin einigt oder lieber spontan zusammenkommt: Das hängt von der Familie ab.

Kinder sagen oft nichts, wenn man sie fragt, wie es ihnen geht.

Wir fragen sie ja meist auch aus wie ein Reporter den Interviewpartner. »Wie war's in der Schule? Hast du Hausaufgaben? Gibt's was Neues?« Darauf kann man nur einsilbig antworten.

Wer eröffnet am besten die Zusammenkunft?

Einer der Erwachsenen. Außer die Kinder sagen, dass sie anfangen wollen.

Wie lange soll man reden?

Kommt darauf an, was los ist bei Ihnen und was Sie für ein Typ sind. Manchmal reichen zwei, drei Minuten. Vielleicht sagt man:

»Ich würde gern etwas erzählen, aber ich merke, eigentlich steht gar nichts an. Ich lebe gerade ganz zufrieden vor mich hin.« Beim nächsten Mal reden Sie vielleicht 20 Minuten.
Wenn man fertig ist – und es kommt nichts von den Kindern? Fragt man nach?
Man kann ja einfach sagen: »Mehr hab ich nicht zu sagen im Moment. Wie sieht es bei euch aus? Wie geht es euch, möchtet ihr was sagen? Wenn nicht, sind wir fertig.«
Kommt man zurück auf Themen, die schon mal dran waren, etwa: »Letztes Mal hast du erzählt, dass du dir neue Klamotten kaufen willst. Hast du schon was gefunden?«
Nein, die Familienkonferenz ist keine Plauderstunde. Es geht immer nur ums Heute, man knüpft nicht an Themen der letzten Sitzung an.
Ist es nicht ein bisschen läppisch, wenn ich groß eine Konferenz einberufe, um dann davon zu erzählen, dass mir der Bus morgens vor der Nase weggefahren ist?
Nein, Kinder horchen auf, wenn es authentisch wird. Indem ich diese kleinen Erlebnisse formuliere, erfahre ich nebenbei, wie es gerade um mich steht. Die anderen erfahren es auch.
Und überfordert es die Kinder nicht, wenn sie meine Sorgen im Job mitkriegen?
Im Gegenteil, sie haben eh längst gespürt, dass Sie angespannt sind. Es ist eher eine Entlastung, wenn Eltern zum Ausdruck bringen, was ihnen auf der Seele lastet. Das sind wichtige Informationen für alle! Ebenso wichtig ist es zu wissen: In unserer Familie ist es erlaubt, ja erwünscht, auch über die Misserfolge zu sprechen.
Kinder halten die Wahrheit also aus?
Kinder haben mit Tatsachen überhaupt keine Probleme. Was allerdings nicht erlaubt ist, ist, die Kinder in meine Sorgen reinzuziehen. Zu suggerieren: Ich brauche dringend Schonung! Insgeheim

zu hoffen, dass sich jetzt nach der Konferenz alle den Staubsauger schnappen.
Und wenn ich merke, das Kind ist bekümmert wegen meiner Sorgen?
Dann sage ich: »Danke, dass du mitfühlst mit mir, aber ich werde das schon schaffen. Das ist meine Sache.«
Und was ist, wenn mich im Moment nichts so aufregt wie die Unordnung in den Kinderzimmern? Darf ich das denn sagen?
Ja, aber Sie beziehen sich dabei nur auf sich selbst. So etwa: »Ich merke, dass mir das unaufgeräumte Zimmer und der ganze Haushalt zu viel Stress machen. Ich überlege, manche Aufgaben neu zu verteilen, ich werde es euch sagen, wenn ich so weit bin. Für den Moment habe ich mir erst mal vorgenommen, nach dem Mittagessen jeweils einen Spaziergang zu machen.«
Warum darf ich nicht einfach sagen: »Ich bin überfordert und will, dass Ihr mir ab jetzt mehr helft! Ich bin müde!«
Weil die Konferenz kein Schleichweg ist, um die anderen zu erziehen. Das ist nicht erlaubt.
Klingt schwierig. Ich muss alles fünfmal in meinem Kopf wenden, ehe ich es ausspucken darf.
Es darf ja durchaus sein, dass Sie sagen: »Ich bin so fertig von dem Haushaltstheater, ich fühle mich allein gelassen«, es dürfen auch Tränen rollen. Die Kinder kriegen dann mit: Der Haushalt belastet die Eltern wirklich. Aber gleichzeitig zu hoffen, dass Ihnen hernach einer abtrocknet: Das geht eben nicht. Kinder durch Tränen manipulieren zu wollen, ist verboten.
Und wenn der Sohn ankündigt, sich ein Tattoo stechen zu lassen: Darf ich wenigstens den Mund verziehen, wenn ich schon nichts sagen darf?
Nein. Es steht in diesem Moment nicht zur Diskussion, was Sie von den Ideen oder Plänen der anderen halten. Es gibt im Familiengespräch keine Wertungen und keine Diskussionen. Den Mund

zu verziehen nützt im Übrigen als Erziehungsmethode ohnehin nichts. Das macht nur schlechte Stimmung.

Dann habe ich ja überhaupt keine Handhabe gegen das Tattoo!

Sie haben doch ohnehin nie eine Handhabe in der Erziehung. Sie können Ihre Werte vorleben und auch Regeln formulieren fürs Miteinander. Und natürlich könnten Sie mit Druck und Verboten einiges erreichen. Aber irgendwann sind Ihre Kinder groß und machen sowieso, was sie wollen.

Aber ich kann den Sohn später noch mal um ein Gespräch übers Tattoo bitten.

Genau.

Und wenn ein Kind ein Problem anspricht, das ihm Kummer macht? Da wird auch nicht drauf eingegangen?

Nein, aber man wird dann natürlich sagen: »Das bewegt mich sehr, was du da sagst. Ich würde dir gern helfen, aber dazu brauche ich deine Erlaubnis.« Es ist wichtig, dass Sie den geschützten Raum der Familienkonferenz bewahren.

Also auch keine Rückmeldungen wie: Ach, das tut mir leid?

Nein, das wissen Ihre Kinder sowieso. Eine der Kräfte des Familiengesprächs liegt darin, dass Sie nicht in alten Verhandlungspositionen steckenbleiben. Da werden Sachen gesagt, die man sonst nicht riskieren würde zu sagen – weil ja in der Regel immer gleich zurückgeschossen wird. Die reflexartige Reaktion, zu der wir neigen, vergiftet den Prozess von Beziehung.

Gibt es noch weitere Regeln?

Wichtig ist auch, dass keiner den anderen unterbricht, man spricht nacheinander, nicht durcheinander.

Kann man eine Familienkonferenz auch noch mit älteren Kindern einführen?

Ja, wenn alles einigermaßen normal läuft, warum nicht. Aber bitte nicht dann, wenn eine Krise schon da ist. Die Familienkonferenz ist eine vertrauensbildende Maßnahme.

Wie fädle ich das am besten ein, wenn die Kinder überhaupt nicht an so etwas gewöhnt sind?
Man erzählt, dass man davon gehört hat, dass man es gern mal ausprobieren will. Erklärt die Regeln. Beim ersten Mal kann man auch mal sagen: »Es ist toll, dass es euch gibt, ich merke das im Alltag oft nicht, wie dankbar ich für meine Kinder bin!« Es kann einem Kind viel Kraft geben, wenn es weiß, welchen Wert es für seine Eltern hat.
Und wenn die Kinder keine Lust haben auf eine Konferenz?
Dann fängt man eben mit dem Partner an und lädt sie ein, sich dazuzusetzen. Man sagt: »Ich wünsche mir, dass wir das mal probieren, wir sollten es versuchen. Erst dann erfahren wir, ob es Sinn macht für uns.«
Da haben es Alleinerziehende schwerer, die können sich ja schlecht allein hinsetzen und Selbstgespräche führen.
Man sollte dann die Kinder schon dringend bitten, mitzumachen. Zwingen kann man sie natürlich nicht.
Glauben Sie, dass auch Familien, in denen viel miteinander geredet wird, zusätzlich regelmäßige Konferenzen guttun?
Ich bin total überzeugt davon, dass es in jedem Fall etwas bringt. Wären wir alle imstande, uns selbst mitzuteilen, würde es keine Kriege mehr geben, es würde niemand mehr den anderen für seine Zwecke missbrauchen. Wer ein Gefühl für sich hat, kriegt auch ein Gefühl für andere. Und dann ist man gewappnet, falls mal eine Krise kommt in der Familie.
Soll man dem anderen, wenn er von einem Problem erzählt hat, hinterher Tipps geben?
Mit Tipps ist das immer so eine Sache, erst recht, wenn sie ungefragt gegeben werden. Und was nützt mir die Lösung eines Problems, wenn ich den Entwicklungsweg dorthin noch gar nicht gegangen bin? Das ist sinnlos.
Eine Familienkonferenz mit dem Ex: sinnvoll oder nicht?

Kommt darauf an, man könnte es probieren. Die Familie besteht ja weiterhin, auch wenn die Eltern getrennt sind.

Soll man mit pubertierenden Kindern, die schon keine Lust mehr haben, das Familiengespräch auf Biegen und Brechen weiterführen?

Man kann ja sagen: »Ich sehe schon, eure Lust hält sich in Grenzen, aber wir, Papa und ich, würden das Ganze ungern im Sande verlaufen lassen. Wir beide werden jedenfalls weitermachen, und ihr seid herzlich eingeladen, mitzumachen.«

Glauben Sie, dass in Familien überhaupt zu wenig gesprochen wird?

Fest steht, dass funktionierende Beziehungen Zeit brauchen, und die 20 Minuten, die Väter sich im Schnitt am Tag mit ihren Familien beschäftigen, reichen dafür definitiv nicht aus. Und dann drehen sich Gespräche in Familien zwangsläufig erst einmal um die Abwicklung des Alltags. Dabei passieren uns doch ständig so viele Sachen, die es wert sind, erzählt zu werden. Gerade die banalen Dinge des Lebens sind oft so bestimmend und haben so viel Kraft. Was die Sekretärin gesagt hat, wie die Café-Bedienung geschaut hat. Der Sinn des Lebens ist letztlich sehr banal. Und: Absichtslosigkeit auch bei Tischgesprächen tut allen Beteiligten gut.

Ist das auch ein Plädoyer dafür, die Kinder einfach mal zu genießen, ohne sie in irgendeine Richtung trimmen zu wollen?

Genau. Es ist so einfach, sich an den Kindern zu erfreuen, sie zu entdecken, statt sie ständig mit der Lupe abzusuchen: Wo war da noch ein Makel? Es ist ein Kennzeichen von funktionierenden Familien, dass sich die Familienmitglieder aneinander erfreuen. Dass es genügend Momente gibt, in denen man sich schätzt und liebt.

16 Wir sind beide gleich viel wert!

Ein gleichwürdiger Umgang mit unseren Kindern – wie sieht der genau aus?

Eine Beziehung auf der Ebene gleicher Würde: Was heißt das genau?
Das heißt, dass die Kinder genauso viel Würde als Mensch besitzen wie die Erwachsenen. Ihre Gefühle, Träume, Reaktionen werden ernst genommen.
Das heißt: Wir müssen überhaupt erst entschlüsseln, was die Kinder uns mitteilen.
Es ist ganz wichtig, dass wir uns auf das Entwicklungsniveau der Kinder begeben. Babys haben andere Ausdrucksmöglichkeiten als Erwachsene.
Wir beobachten unsere Babys pausenlos, aber unsere Kinder ab dem Kindergartenalter meinen wir blind zu kennen. Oft hören wir ihnen, wenn sie etwas erzählen, gar nicht richtig zu.
Ja, und zusätzlich stülpen wir unsere Erwartungen und Wünsche dem Kind einfach über. »Iss mal, sonst hast du gleich wieder Hunger«: Solche Sätze sagen wir fast pausenlos.
Wenn wir die Gefühle, Träume und Reaktionen unserer Kinder ernst nehmen – heißt das dann in Familien, dass immer nach dem Mehrheitsprinzip ganz demokratisch entschieden wird?
Nein, überhaupt nicht. Sonst würden in Familien mit mehr als zwei Kindern ja die Kinder bestimmen. Es sind immer die Eltern, die entscheiden, weil sie ja die Verantwortung in der Familie tragen. Je kleiner die Kinder sind, umso klarer liegt die Verantwortung bei den Eltern. Worauf es ankommt, ist, dass die Eltern, ehe sie ihre Entscheidung treffen, die Kinder um ihre Meinung gefragt

haben. Und vielleicht dann auch anhören, wie es den anderen mit der getroffenen Entscheidung geht.
Da machen die Eltern so ein scheindemokratisches Gewese – und bestimmen am Ende doch selbst. Ist das nicht verlogen?
Nein, überhaupt nicht. Eine gleichwürdige Familie ist keine Scheindemokratie. Diese Art, Entscheidungen zu treffen, ist ein Entwicklungsprozess, der stattfinden muss, damit Jugendliche zwischen 14 und 20 dann für ihr eigenes Leben selbst Verantwortung übernehmen können.
Und wenn alle Kinder einer Familie ans Meer wollen, die Eltern aber trotzdem, weil es für sie wichtig ist, den Urlaub in den Bergen machen, dann sagen die Kinder doch zu Recht: »Da hättet ihr uns gar nicht zu fragen brauchen!«
Auch das stimmt nicht. Ich muss hören, dass die Kinder viel lieber am Meer wären – auch wenn ich unbedingt in die Berge will! Weil ich den Wunsch der Kinder ja im Hinterkopf behalte und ihn dann vielleicht im nächsten Jahr erfüllen kann. Ich will ja auch eine gute Urlaubsatmosphäre haben.
Das Ergebnis ist also weniger wichtig als der Prozess, durch den es zustande kam?
Genau. Und wenn es Konflikte gibt, dann sind die die beste Gelegenheit, die anderen kennenzulernen.
Gleichwürdige Konflikte, wie sehen die dann aus?
So, dass man sich auf die Inhalte konzentriert und die anderen nicht beleidigt.
In einer gleichwürdigen Familie fühlen ja nicht immer alle gleich.
Um Gottes willen! Gerade in der gleichwürdigen Familie fühlt jeder wahrscheinlich anders, weil er es darf.
Kann man Gleichwürdigkeit trainieren?
Ja, indem man sich erst einmal den Begriff auf der Zunge zergehen lässt. Sich überlegt: Will ich den anderen als Objekt behandeln oder ihn als Mensch sehen?

Und Kinder bringen die Voraussetzungen für eine gleichwürdige Beziehung mit?
Ja, Würde und Selbstwert bringen sie mit. Beides können sie nur noch nicht verteidigen, da müssen wir ihnen helfen.
Muss man immer gelassen und freundlich sein, um gleichwürdig kommunizieren zu können?
Nein, das hat damit nichts zu tun. Man kann dem anderen doch sagen: »Mit mir ist im Moment nicht gut Kirschen essen, bitte lass mich eine Zeitlang in Ruhe.«
Ein Problem ist ja auch, dass wir ständig die Wünsche der anderen bewerten.
Das sollten wir uns dringend abgewöhnen. Wenn das Kind vor dem Essen ein Eis will, sagt man nicht: »Du hast ja Ideen! Wir essen doch gleich!« Sondern man kann sagen: »Das kann ich gut verstehen. Aber jetzt will ich dir keins kaufen.« Das klingt ganz anders.
Damit muss ich jede Situation neu abwägen und überlegen.
Ja.
Welche Voraussetzungen muss ich mitbringen, um gleichwürdig agieren zu können?
Respekt und Achtung vor mir und den anderen, Neugier auf sein Wesen, die Bereitschaft, eigene Gefühle mitzuteilen.
Sind gleichwürdige Familien immer harmonisch?
Vielleicht sind sie zufriedener. Aber harmonisch? Gar nicht, jeder darf ja denken und sagen, was er will. Da gibt es viel Konfliktpotenzial.
Darf ich, was Kinder tun, wie sie aussehen, kommentieren?
Ja, ich darf sagen: »Die Bluse finde ich nicht so schön, aber was du anziehst, entscheidest am Ende du.« Wenn man sich jeden Kommentar verkneift – das wäre ja nicht auszuhalten. Gleichzeitig sollte einem klar sein, wie viel Eindruck auch unsere Mimik, unsere Gesten, nicht nur die Worte, auf die Kinder machen.

17 So bin ich eben!

Authentisch zu sein – wie sieht das aus 24 Stunden am Tag?

Sie sagen, Kinder brauchen keine perfekten Eltern. Aber authentische. Was heißt das? Ich wäre schon gern etwas perfekter.
Eine ideale Mutter, die alles richtig macht: ein Horror für Kinder. Was Kindern viel besser tut: Wenn ihre Eltern sich zeigen, wie sie sind, wie sie sich fühlen, wie es ihnen geht. Mitsamt allen Stärken und Schwächen.
Man gibt vor Kindern Schwächen nicht so gern zu. Man tut lieber so, als sei man Lebensexperte.
Wer ist schon ein Lebensexperte? Und keiner von uns hat Elternsein wirklich gelernt, wir lernen es, indem wir Eltern sind. Aber wir sind von Anfang an Experten für uns selbst. Und dieses Wissen über uns sollten wir weitergeben!
Also soll man ruhig seine Unzulänglichkeiten zugeben?
Unbedingt! Stark sind Eltern für mich in dem Moment, in dem sie sich trauen, auch die eigenen Schwächen anzusehen und offenzulegen: »Da habe ich einen Fehler gemacht, sorry.« Oder: »Das weiß ich noch nicht, ich muss erst nachdenken.«
Damit wird man verwundbar.
Trotzdem, ich kann alle Eltern nur ermutigen: Es ist wirklich das Allerbeste, sich den anderen mitzuteilen. Das stärkt total die Familie, damit entsteht eine ganz neue Qualität des Miteinanders.
Authentisch zu sein, bedeutet demnach …
… echt zu sein, so, wie ich im Moment eben bin. Meine persönliche Einschätzung abzugeben, die für genau diesen Moment gilt.

Das heißt, dann hat morgen, was ich heute sage, vielleicht schon keine Gültigkeit mehr?
Unter Umständen, ja. Authentisch zu sein, heißt auch, mal aus der Hüfte zu schießen. Unüberlegt, widersprüchlich, irrational zu reden.
Aha.
Letztlich geht es darum, keine Rolle zu spielen. Wer glaubt, sich in einer Situation wie ein echter Erzieher benehmen zu müssen – das geht meist schief. Noch dazu, wo uns die eigenen Eltern oft nicht als Vorbilder dienen.
Wird dann, was ich sage, nicht auch beliebig?
Nein, es ist eher so: Ich tue genau das, was im Moment passt, und durch dieses Tun verändert sich etwas, das vielleicht morgen zu einer Korrektur meiner Entscheidung führt. Beziehungen sind lebendig, verändern sich ständig.
Aber die Authentizität darf nicht so weit gehen, dass ich herumschreie, weil mir danach zumute ist.
Authentizität ist niemals ein Freibrief dafür, zügellos und unbeherrscht zu handeln. Wenn ich das tue, disqualifiziere ich mich als Führungsfigur. Wenn ich mich benehme wie die Axt im Wald, dann werde ich bald allein dastehen.
Mit Herumschreien erreicht man sowieso nichts.
Im Gegenteil. Man setzt die Beziehung zu den Kindern aufs Spiel, und wenn die weiterhin kooperieren, dann nur aus Angst. Wer will das?
Aber im Zorn oder wenn man enttäuscht ist, rutschen einem oft blöde Sachen raus, die einem hinterher leidtun!
Da ist es gut zu wissen: Kinder verzeihen ihren Eltern fast alles. Vor allem dann, wenn sie wissen, dass man sich ja bemüht, sich zu entwickeln. Beziehungen innerhalb der Familie sind Liebesbeziehungen. Und man kann ja auch hinterher zu den Kindern gehen und sagen: »Mist, jetzt ist es mir wieder passiert und ich bin lauter

geworden. Das wollte ich doch abstellen!« So unperfekt wir sind: So was macht uns sympathisch!
Oft weiß man gar nicht genau, wie es einem gerade geht. Das macht das Authentischsein nicht leichter.
Meistens weiß man es deshalb nicht, weil man sich die eigenen Gefühle verbietet. Wenn Sie keine Lust haben, mit der Tochter Mathe zu lernen: Dann sagen Sie ihr das auch!
Meist reißt man sich zusammen und zieht das Programm durch.
Der englische Dichter Edward Young hat mal gesagt: »Wir werden alle als Originale geboren, sterben aber als Kopien.« Weil wir uns ständig selbst verleugnen. Wir sollten zu uns und unseren Empfindungen stehen.
Nach dem Motto: So bin ich eben, so muss ich mich dir zumuten.
Genau! »Und wenn du damit nicht zurechtkommst, werde ich das schon noch erfahren.«
Das impliziert dann aber, dass man auch den anderen prinzipiell in Ordnung findet.
Natürlich! Auch der andere ist genauso okay, wie er eben ist. Manchmal nervt mich wahrscheinlich sein Verhalten, und das sage ich ihm dann! Wenn der Dreijährige Eier an die Wand wirft, sag ich: »Hör sofort auf!« Aber vielleicht lege ich ihm dabei die Hand auf die Schulter, damit er merkt: Zu ihm als Person stehe ich natürlich weiterhin.
Oft wissen wir nicht genau, warum wir schlecht gelaunt sind. Müssen wir das rausfinden, um authentisch sein zu können?
Ich bin kein besonderer Fan davon, nach der Ursache für die einzelne Befindlichkeit zu wühlen. Das ist langwierig und sehr mühsam. Im Normalfall reicht es, zu wissen: Ich fühle mich so und so. Und das dann kundzutun, ohne den anderen dadurch schuldig zu machen.
Noch einmal zurück: Es gibt Situationen, in denen schafft man es nicht, es beim Beschreiben der eigenen Befindlichkeit zu belassen.

Meistens, weil wir zu lange warten. Wenn mein jugendlicher Sohn Stunden auf dem Sofa lümmelt und ich jedes Mal, wenn ich ihn sehe, genervt denke: Wann steht die Pfeife endlich auf?, dann ist das kontraproduktiv. Ich muss gleich sagen, dass mich sein Anblick schier verrückt macht! Sonst brülle ich ihn am Abend wegen irgendeiner Kleinigkeit an. So was staut sich doch auf!

Also scheuche ich ihn auf?

Natürlich, Sie können ihm doch sagen: »Dein Rumgelümmel macht mich schier verrückt! Bitte geh in dein Zimmer, dann muss ich es wenigstens nicht sehen!« Es ist schon mein Job als Eltern, mein Verhalten so weit zu steuern, dass ich letztlich erfolgreich sein kann. Ich muss immer wieder überprüfen, ob es funktioniert, was ich mache.

Wenn ich zehnmal sagen muss: »Räum auf!«, dann hat es nicht funktioniert.

Nein. Dazu will ich noch sagen: Eine Ansage ist natürlich auch kein Zauberstab. Dazu kommt, dass wir sehr viele Ansagen machen den lieben langen Tag. Viele davon sind uns gar nicht so wichtig. Wir sollten aber nur das mit Nachdruck einfordern, was uns wirklich sehr am Herzen liegt.

Wenn man sich aufhängt an einem Thema: Ist es dann eine gute Idee, eine Feuerpause einzulegen – und dann weiterzureden?

Unterbrechung ist immer gut, wenn man die Zeit dafür hat.

Oft bremst man sich auch aus, weil man denkt: Je mehr ich dagegen rede, desto interessanter wird es fürs Kind. Dann tut man pseudoliberal, obwohl man innerlich zittert.

Ich glaube nicht, dass Taktieren im Umgang mit Kindern Erfolg hat. Das Einzige, was bei ihnen zieht, ist die Wahrheit. Es ist eine Elternkrankheit, Fachleute kopieren zu wollen und Elternsein quasi zu spielen. Ich muss aber so reden, wie mir der Schnabel gewachsen ist. Sonst verstehen die Kinder mich nicht.

18 Das will ich! Und das will ich nicht!

Wie rede ich mit meinen Kindern in einer persönlichen Sprache?

Was heißt das, in einer persönlichen Sprache mit Kindern zu sprechen: Muss ich da lauter Ich-Botschaften senden?
Sie sprechen von sich in der ersten Person, ja, und Ihre Botschaft sollte am besten aus dem Herzen kommen. Und kurz sein. Man sollte alles, was man Kindern sagen will, in zwei Sätzen formulieren können.
Und wenn mich der andere nervt, sage ich: »Ich finde dich echt doof?«
Die zwei Wörter am Anfang machen einen Riesenunterschied. Ob der andere doof ist oder nicht, wird dadurch relativiert.
Vor allem sage ich wahrscheinlich: »Ich will ...«, »Ich will nicht ...«. Wenn ich zum Beispiel will, dass mein Kind runtergeht von meinem Schoß, sage ich ...
... »Bitte absteigen, ich will dich nicht mehr auf dem Schoß haben.«
Und dem Sechsjährigen, dessen Zimmer aufgeräumt gehört, sage ich:
»Ich will heute aufräumen in deinem Zimmer, kannst du mir helfen?« Vielleicht genügt es mir auch schon, wenn er einfach dabei ist.
Ich-Botschaften müssen ja nicht immer positiv formuliert sein, oder?
Überhaupt nicht, warum? Wenn ich genervt bin, bin ich genervt.
Heißt persönliche Sprache auch, dass ich den Kindern von mir erzähle – nicht nur ihr Verhalten kommentiere?

Unbedingt, Ihre Kinder sollen erfahren, wer Sie sind, was Sie freut, was Sie wollen, was nicht. Kinder haben ganz wenig bis keine Lebenserfahrung, die haben wir ihnen voraus. Sie wiederum haben eine in rasendem Tempo sich entwickelnde Persönlichkeit und Grundstruktur. Man kann wirklich nur voneinander lernen!
Nach dem Motto: Ich bin so-und-so, und wer bist eigentlich du?
Genau. Jesper Juuls Buch »Grenzen, Nähe, Respekt« heißt in Dänemark: »Hier bin ich, wer bist du?«.
Das gefällt mir besser als die deutsche Version.
Man sieht daran eben auch den kulturellen Unterschied. Bei uns muss alles ein bisschen getragener daherkommen, sonst wird es nicht ernst genommen.
Die nächste Frage wäre dann: »Ich bin so, du bist so, wie geht es uns jetzt damit?«
Genau. Es ist ein großes Missverständnis, dass man die Führung verliert, wenn man diese Haltung mitbringt im Umgang mit Kindern. Im Gegenteil: Man verdient sich jede Menge Respekt.
Interessiert es Kinder denn überhaupt, was so in meinem Leben passiert? Ob ich den Bus verpasst habe, die Kollegen nett zu mir waren?
Indem wir von unserem Alltag erzählen, erzählen wir eben auch von uns. Der Alltag ist doch die Basis unseres Lebens, das meiste, was uns passiert, ist Alltag. Das geringzuschätzen würde bedeuten, dass wir den Großteil unserer Lebenszeit wenig achten.
Aber ich darf die Kinder doch auch nicht als Freund missbrauchen.
Nein, deshalb ist es wichtig, sich an dem Punkt zu bremsen, an dem man die Kinder benutzt, um sich auszuweinen. Wenn ich das brauche, rufe ich die Freundin an.
Aber wenn es mir gerade supermiserabel geht?
Kinder wollen ihre Eltern groß, nicht gleich. Man sollte sich von Kindern keinen Trost erwarten, das überfordert sie. Es reicht, wenn Sie sagen: »Mir geht es schlecht, ich weiß im Moment nicht, wie es weitergehen soll. Aber ich werde mir helfen lassen.« Man

teilt seine Verzweiflung über die Situation mit und übernimmt dafür gleichzeitig die Verantwortung.
Heißt persönliche Sprache auch, dass man nicht wertet?
Ja. Wenn mein Kind wissen will, warum es ins Bett soll, sage ich: »Weil ich es will« und nicht: »Weil du müde bist! Schau doch, wie klein deine Augen schon sind.« Ich bleibe schön bei mir. Weil ich in Wahrheit ja auch nicht wissen kann, ob mein Kind müde ist oder nicht. Meist sind es ohnehin die Eltern, die wollen, dass die Kinder schlafen.
Und mit meinem Baby – wie spreche ich mit dem?
Auf jeden Fall in einer ganz normalen Sprache. Was Sie in der Kommunikation mit Ihrem Baby versuchen, ist, dem Worte zu geben, was das Baby auszudrücken scheint. »Kann es sein, dass du Hunger hast?« oder: »Du scheinst ja ganz zufrieden zu sein, geht es dir gut?«. Dabei schaut man sein Kind an, man tastet sich heran an das, was sein könnte – und lernt so das Baby langsam kennen.
Wir machen das oft nicht – weil es uns zu banal erscheint?
Wir haben es einfach nicht gelernt: wahrgenommen zu werden von anderen und auch andere wahrzunehmen. Meine Generation ist ja als Baby nach der Uhr gefüttert worden und nicht nach Bedarf.
Viele reden von sich im Umgang mit ihrem Kindergartenkind in der dritten Person, sie sagen: »Mama ist müde und will schlafen.«
Wer von sich in der dritten Person spricht, vernebelt nur, was er will. Ich und du: darum geht es.
Stattdessen sage ich ...
»Ich will, dass du das und das machst.« »Ich werde jetzt Zeitung lesen.« »Nein, jetzt kann ich nicht spielen, ich will kochen.«
Kinder sagen oft nichts, wenn man sie fragt, wie ihr Vormittag war.
Weil das ja oft die gleiche Abfrage ist, die sie in der Schule auch mit Latein-Vokabeln erleben. Keiner wird gern ausgefragt, das nervt uns auch. Wer mit Kindern ins Gespräch kommen will, fängt am bes-

ten damit an, dass er von sich selbst erzählt. Und sich nicht hinter einem Fragenkatalog versteckt. Man kann Kinder auch leerfragen.
Aber oft ist diese Frage nach dem Vormittag ja nur als Einstieg in die Unterhaltung gedacht.
Ja, und man darf solche Fragen ja auch stellen. Aber wenn nichts kommt, dann bohren Sie bitte auch nicht nach.
Kinder brauchen nicht nur Botschaften von mir. Ich muss ihnen auch bestätigen, dass ich gehört und gesehen habe, was von ihnen kommt.
Genau, in dem Sinn: »Kann es sein, dass du kaum Hunger hattest?« »Du siehst aus, als würdest du dich nicht gut fühlen.« »Du humpelst, hast du was am Knie?«
Warum sind diese Rückmeldungen so wichtig? Man sieht doch eh, was ist.
Wir drücken damit aus, dass wir den anderen wahrgenommen haben, das ist keinesfalls selbstverständlich! Und dann wissen wir ja nicht, ob unsere Wahrnehmung auch den Tatsachen entspricht. Das gilt es herauszufinden! Letztlich ist es das Beste, was Sie Ihrem Kind geben können. Es gibt afrikanische Stämme, bei denen die Begrüßungsformel lautet: »Ich sehe dich«, das ist wunderschön.
Wie komme ich mit meinen jugendlichen Kindern ins Gespräch?
Ich sollte mir jetzt darüber im Klaren sein, dass ich nicht mehr die Wichtigkeit für meine Kinder habe, wie das in ihren ersten zehn Jahren der Fall war. Jetzt haben Freunde und andere Erwachsene größere Bedeutung. Wenn es ernst wird, sind wir allerdings schon noch ein wichtiger Anker.
Was sagen wir noch zu ihnen, was nicht mehr?
Wir sagen ihnen, was wir auch einer guten Freundin sagen würden. Es geht darum, dass wir eindeutig unsere Position vertreten. Der nächste Schritt ist zu sehen, ob die Kinder es annehmen konnten oder eben nicht. Letztlich geht es ja darum, ihnen zunehmend die Verantwortung für ihr Leben zu übertragen.

19 Die Jeans ist voll cool!

Wie geht man um mit Markenwahn und Dauer-Werbung?

Kinder meinen, sie brauchen Markenklamotten, um dazuzugehören. Wie weit muss man mitgehen als Eltern?
Eltern sollten sich, wenn sie über das Konsumverhalten der Kinder nachdenken, mit dem eigenen Konsumverhalten beschäftigen. Sie können nicht selbst Markenjeans tragen und den Kindern eine Predigt halten.
Viele Eltern konsumieren sehr bewusst. Die haben nur ein Billig-Handy, aber die Kinder wollen trotzdem unbedingt das Smartphone.
Ja, und das kommt ja auch nicht von ungefähr. Wir werden alle bombardiert mit Guerilla-Marketing, ständig prasseln Angebote auf uns ein. Das werden wir nicht mehr ändern können, wir werden keine werbefreie Welt schaffen können. Die einzige Möglichkeit ist, sich immer wieder Wahlmöglichkeiten zu schaffen und den Konsum-Wahnsinn in einen Kontext zu stellen.
Der wie aussähe?
So, dass wir den Kindern klarmachen: Man muss gut überlegen, wofür man sein Geld ausgibt. Geld ist für mich wie gefrorene Lebenszeit, das fällt nicht vom Himmel. Geld hat einen viel höheren Wert als den, den es erst mal darstellt. Weil es einen so viel kostet. Wenn wir das wissen, ist die Frage, die sich stellt: Wie viel Lebenszeit will ich in den Dienst von Konsum stellen? Will ich mich treiben lassen von immer neuen Wünschen? Oder komme ich auch anders gut durchs Leben? Ich kann da schon auch eine Gegenbewegung ausmachen, gerade bei Jugendlichen.

Ein 13-Jähriger wird trotzdem das iPhone wollen, egal, was es uns Erwachsene oder auch ihn kostet.
Das ist ja auch ganz normal und gesund. Dass einer in dem Alter das iPhone erkunden will. Es ist auch eine tolle Chance für Eltern, ins Gespräch mit den Kindern zu kommen. Man kann ja sagen: »Ich unterstütze dich, dass du zu dem Handy kommst. Aber ich will nicht, dass du ein Getriebener des Konsums wirst.«
Den Kindern ihre Wünsche auszureden: damit fängt man wohl gar nicht erst an?
Man muss mal eine Markenjeans getragen haben und eine Billigjeans, um beurteilen zu können, was einem besser gefällt. Ich muss erlebt haben, wie viel der eigenen Autorität ich an eine Marke abgebe. Ob es wirklich so ist, dass man von den Gleichaltrigen geschätzt wird, nur weil man eine Marke trägt. Job der Eltern ist, den Kindern die Wahrheit über den entgrenzten Kapitalismus zu erzählen. Dass die Markenjeans in Indien unter miesen Bedingungen gefertigt wird. Dass all die Werbung eine reine Geschäftemacherei ist – natürlich!
Alle Jeans werden in Indien gefertigt. Wenn ich ökologisch korrekt einkaufen will, muss ich fair Hergestelltes, also Bioklamotten, tragen. Dafür wird man kein Kind gewinnen können.
Aber es ist wichtig, den Kindern trotzdem klarzumachen, wo die Sachen herkommen. Nicht, weil wir ihnen ihre Jeans vermiesen wollen. Sondern weil es so ist. Weil wir als Konsument ständig an der Nase herumgeführt werden. Ich halte es für wichtig, dass die Kinder diese Statements von uns zu hören bekommen. Man sollte selbst allerdings auch innerlich frei sein und tanzen können mit den Angeboten. Es gibt auch schöne Markenklamotten!
Und wenn es konkret um die Hose geht für 80 Euro, die ich aber nicht bezahlen will?
Dann kann man sich in der Mitte einigen, man kann doch sagen: »50 Euro zahle ich, den Rest musst du verdienen«. Nett fände ich

es dann, wenn man dem Jugendlichen auch Arbeiten zu Hause anbietet. Keine Niedrigjobs wie Kloputzen meine ich jetzt. Sondern anspruchsvolle Arbeiten wie: den Zaun richten, einen Schrank aufbauen.

Kinder sehen 900 Werbespots im Monat, 30 im Schnitt am Tag. Und sie fallen auf alle rein. Alle haben nur noch dieses Deo, das aussieht wie Motoröl.

Man sollte sich entspannen und zurücklehnen, solche Trends hat es immer schon gegeben. Es ist aber durchaus sinnvoll, die Kinder darauf aufmerksam zu machen, wie wahnsinnig erfolgreich da die Werbung ist, dass alle nur noch dieses Deo benutzen. Und dann eben wieder transparent machen, dass die Marketingfirmen uns Konsumenten nichts Gutes wollen. Dann kann man den Kindern natürlich auch noch sagen, dass ein Bio-Deo wahrscheinlich die besseren Inhaltsstoffe hat.

Je verbissener die Eltern in solchen Sachen sind, umso hartnäckiger halten die Kinder am Gegenteil fest.

Druck erzeugt eben Gegendruck. Und je mehr Druck ich als Vater oder Mutter ausübe, desto kleiner wird die Chance, dass die Kinder wirklich eine Wahlfreiheit bekommen. Die kleben dann in ihrer Oppositionshaltung fest.

Kinder heute haben gar keine Langeweile mehr. Sobald sie nichts zu tun haben, gucken sie Youtube. Aber aus der Langeweile heraus sind früher die besten Sachen entstanden.

Da kann man, glaube ich, wenig machen. Es ist das Kennzeichen unserer Zeit, dass alle keine Zeit mehr haben. Ich finde, wir Erwachsenen gehen da auch mit schlechtem Beispiel voran. Wenn wir uns entspannen wollen, gehen wir nicht einfach spazieren oder meditieren daheim, nein, wir buchen gleich einen Yoga-Kurs.

Es ist schlimm mitanzusehen, wie sich die Kinder vollballern, die ganze Zeit.

Auch Youtube wird irgendwann langweilig. Vielleicht ist es ganz gut, den Kindern generell zu erklären: Konsum heißt immer schlucken, ständig nehme ich auf, was andere produziert haben – und im Regelfall muss ich dafür bezahlen. Aber zum Leben gehört auch, selbst zu geben, etwas zu liefern, was ich gemacht habe. Das verschafft mir das tolle Gefühl, wertvoll zu sein.

In der Hängematte die Nachmittage zu verbummeln, auf der Wiese zu liegen, die Wolken zu betrachten – die Kinder haben dazu gar nicht mehr die Muße!

Aber Langeweile kann doch kein Erziehungsziel sein. Langeweile ist die Zeit, die brachliegt zwischen zwei Aktionen. Dass Kinder so wenig Zeit haben, liegt auch an den Eltern, die ihnen den Terminkalender viel zu sehr vollknallen. Und ich glaube: Die Jugendlichen dösen oder träumen heute eben vor dem Bildschirm. Ich bin mir sicher, dass die gedanklich auch mal abschweifen, während Youtube läuft.

Wie erreiche ich als Eltern, dass mein Kind so frei ist innerlich, nicht alles haben zu müssen?

Ich glaube, ich erreiche eine materielle Unabhängigkeit der Kinder am besten dadurch, dass ich ihnen von Herzen gönne, was uns möglich ist und uns passend erscheint. Manchmal muss ich einen Herzenswunsch auch ablehnen. Selbst wenn genug Geld da wäre – einfach, weil es zu viel würde.

Das heißt, es ist kontraproduktiv, dem Kind den iPod zu schenken und dann immer missmutig zu beobachten, dass es das Teil auch benutzt.

Es ist die hohe Schule des Elternseins, eine Entscheidung, die ich selbst nicht gut finde, aushalten zu lernen. Kinder müssen selbst Erfahrungen sammeln dürfen.

Wie lernen Kinder, dass man auch mal auf eine Sache warten muss? Heute kriegt man alles immer sofort. Nicht einmal mehr auf Fotos muss man warten.

Die Technik hat sich schon immer weiterentwickelt – und darauf hat man als Eltern keinen Einfluss. Was wir bestimmen können: das sind unsere Beziehungen, und die haben ohnehin einen eigenen Takt. Da würde ich ansetzen. Wenn Eltern glauben, dass sie immer sofort zur Verfügung stehen müssen, wenn ihre Kinder etwas wollen oder brauchen, dann brocken sie sich furchtbare Dinge ein.

Jugendliche schauen sich auf Youtube ziemlich gern Clips an, in denen anderen etwas nicht gelingt. Die reine Schadenfreude kommt da raus.

Was die Kinder in dem Moment brauchen, sind Eltern, die ihnen sagen, wie weh es tut, wenn man mit dem Rad hinfällt. Dass man nicht versteht, wie so was gefilmt und dann noch online gestellt werden kann. Dass man sich selbst nicht freut am Pech der anderen. Das reicht! Der Jugendliche wird noch viele 100 Trash-Videos angucken, aber im Hinterkopf hat er Ihr Statement. Wenn er diese Stimme nie gehört hat, wird es schwer.

Wichtig ist also in erster Linie, seine Meinung zu sagen. Und nicht auf Zustimmung zu hoffen.

Nein, das wäre zu viel. Wir dürfen uns nicht unwirksam fühlen, wenn die Kinder nicht die Hacken zusammenschlagen und ausrufen: »Yes, Sir!«

Kinder in Deutschland haben im Jahr 20 Milliarden Euro zur Verfügung. Die geben sie auch aus. Soll man das Taschengeld also reduzieren?

Erst mal finde ich: Von Anfang an sollte es für Eltern tabu sein, sich einzumischen, wofür die Kinder ihr Geld ausgeben. Wenn man nicht aushält, dass die Kinder sich »Pokémon«-Karten kaufen, darf man ihnen nur sehr wenig Geld geben. Das ist aber kein erfolgversprechendes Steuerungsmittel. Ich plädiere im Gegenteil total dafür, dass Jugendliche sich noch Geld zum Taschengeld dazuverdienen. Es ist mir lieber, einer macht früh mit fünf Euro schlechte Erfahrungen als später mit 500 oder 5000 Euro.

20 Gott ist in allen Dingen!

Wie viel Religion brauchen Kinder?

Wie wichtig kann Gott für Kinder sein?
Ich glaube, dass es hilfreich ist für Kinder, sich auf etwas Größeres zu beziehen. Das muss ja nicht unbedingt Gott sein. Und ich weiß auch gar nicht, ob dieser Gott sich unbedingt im Außen befinden muss. Kann auch sein, dass man dem Kind sagt: »Gott ist in allen Dingen, in allen Menschen, Tieren, Pflanzen. Auch in dir.« Das kann Kindern Kraft geben.
Das ist relativ vage formuliert.
Es geht mir darum, dass die Frage nach Gott beziehungsweise deren Antwort viel Raum lässt für eigene Überlegungen, nach dem Motto: »Zu dem Schluss bin ich gekommen, finde du raus, was für dich stimmt.« Und statt: »Es gibt sicher einen Gott« würde ich immer sagen: »Ich glaube an einen Gott.«
Mit meinen Zweifeln an Gott konfrontiere ich ein Kindergartenkind aber noch nicht.
Nein, das wäre unpassend. Aber jeder hat für sein Leben ja auch Werte, die ihm wichtig sind und die er leben will. Der eine fühlt sich sehr der Wahrheit verpflichtet, der andere achtet auf seinen ökologischen Fußabdruck. Das ist vielleicht schon der Anfang von Religion: dass es da Dinge gibt, die mir als Richtschnur im Leben dienen. Dass ich auch eine soziale Verantwortung habe und wahrnehme.
Muss man Kindern die Welt erklären können? Da täte man sich als gläubiger Mensch natürlich leichter.
Eltern müssen nicht auf alles die Antworten liefern, aber sie sind

für die Fragen verantwortlich. Wenn Kinder Fragen stellen, die über das hinausreichen, was die Eltern ad hoc parat haben, können die sich eigentlich nur freuen. Und mit den Kindern gemeinsam nach Antworten suchen. Die suchen keine Wahrheiten. Sondern Beziehung.

Wenn jemand aus der Familie stirbt, sagt man den Kindern ungern, dass dessen Leben damit aus und vorbei ist.

Ich kann bei kleineren Kindern doch auf die gängige Version zurückgreifen und sagen, dass der Opa jetzt im Himmel ist. Wenn mir das nicht gefällt, finde ich persönlich auch ein schönes Bild: »Der Opa ist in sein Licht gegangen.«

Die Vorstellung, dass sich im Himmel alle wiedertreffen, ist schon sehr tröstlich.

Vielleicht sollte man die den kleinen Kindern auch lassen. Bis zu einem gewissen Alter brauchen Kinder einfach Bilder als Sicherheiten, als Erklärung.

Man würde den Kindern auch viel nehmen, wenn man sie nicht ans Christkind glauben ließe.

Ja, das stimmt, es ist einfach eine Art von Verzauberung, die zur Kinderwelt dazugehört. Irgendwann wachsen sie da selbstverständlich raus.

Ist es gut, mit Kindern zu beten, damit sie ein Gefühl bekommen für Glauben und Gott?

Ich persönlich finde es sinnvoll und schön, mit Kindern abends zu beten. Ein Muss ist das natürlich nicht. Aber man sollte im Hinterkopf haben, dass in schwierigen Situationen ein Gebet Kindern helfen kann. Dass wir uns Gott durch Beten nicht gefügig machen können, das lernt man, wenn man älter wird.

Man kann mit den Kindern abends auch einfach noch einmal nachdenken über den vergangenen Tag.

Man kann noch einmal gemeinsam überlegen, was schön war, was vielleicht nicht so gut gelaufen ist. Auch ein Gebet muss nicht unbedingt religiösen Charakter haben. Es kann einfach eine kurze Zeit der Kontemplation sein – wie eine Miniatur der Familienkonferenz.

Würden Sie mit Kindern in die Kirche gehen – auch wenn Sie selbst nicht besonders religiös sind?

Ich würde Kindern immer Kirchen zeigen, als Möglichkeit, wie Glaube auch gelebt wurde und wird. Kirchen gehören zu den wichtigsten Kulturplätzen der Welt.

Wenn man aus seinem Kind ein Projekt macht – dann ist das eigentlich das Gegenteil vom Glauben an etwas Größeres. Weil ich dann der bin, der das Kind erschaffen will.

Das stimmt, das würde die Kompetenzen von Eltern übersteigen. Wir können nicht Gott spielen im Leben des Kindes. Was nicht heißt, dass wir ihm nicht unsere Lebenserfahrung mitgeben.

Wo brauchen wir Gott in unserem Leben?

Gott ist Ausdruck dafür, dass es etwas Größeres als mich gibt. Dieses Wissen brauchen wir, um mit unseren Allmachtsfantasien zurechtzukommen. Und wenn wir uns ohnmächtig fühlen, kann er für uns Anker oder Bezug sein.

Hilft er uns auch dabei, uns selbst zu verzeihen?

Ich glaube ja. Der Glaube an einen tieferen Sinn unseres Lebens lässt uns und andere die Fehler, die wir alle machen, eher verzeihen.

Jugendliche fallen oft vom Glauben ab, sie sagen, wenn es einen Gott gäbe, gäbe es eine gerechtere Welt.

Die Welt, wie sie ist, ist ja auch menschengemacht. Gott hat sie uns nur zur Verfügung gestellt. Was wir mit dem Planeten anstellen, das liegt allein in unserer Verantwortung. Gott lässt uns in Ruhe, er wertet nicht.

Wie fördere ich bei Kindern die Güte des Herzens?

Indem wir ihnen diese Güte des Herzens vorleben, indem wir freundlich sind – zu uns selbst und zu den anderen. Indem wir auch einmal still werden – und wahrnehmen, was da ist. Indem wir uns nicht von unserem Weg abbringen lassen. Auch wenn wir von unserer Vorstellung der Güte des Herzens noch meilenweit entfernt sind.

Kann Religion helfen, den Glauben an sich selber zu finden?
Für manche ist es so, für andere nicht. Für manche führt aber auch das manchmal enge Korsett des Glaubens eher weg vom eigenen Denken. Dann fühlt man sich nur deshalb richtig, weil man den Konventionen entspricht – auf Dauer keine gute Lösung.

Wer oder was ist Gott für Sie?
Ich würde die Natur, Pflanzen, Tiere, Sonne, Mond, die Sterne am Himmel, unseren wunderbaren Körper anschauen und würde mich wundern über dieses unglaubliche, selbstständige Zusammenspiel. Das ist für mich Sinn. Das ist für mich göttlich.

21 Und jetzt machen wir Topfschlagen!

Wie gelingt der Kindergeburtstag?

Heute einen Kindergeburtstag hinzubekommen, ist nicht mehr so leicht.
Was sich da oft abspielt, ist der reine Wahnsinn. Eltern bringen sich viel zu sehr unter Druck – und verwechseln dann letztlich Ware mit Liebe, nach dem Motto: Je mehr ich liefere, umso toller bin ich.
Aber es ist doch cool für die Kinder, wenn ihr Geburtstag aufwendig gefeiert wird?
Das glaube ich überhaupt nicht. Mit Geld kann man sowieso keinen schönen Tag erkaufen. Kinder merken doch gleich, was da dahintersteckt. Viel schöner ist für sie ein Geburtstag im kleinen Rahmen, der aber mit Liebe geplant ist.
Es ist nicht so leicht, eine Horde Vierjähriger bei der Stange zu halten.
Vielleicht ist es wichtig, dem Ganzen von vornherein einen Rahmen zu geben. Zehn Vierjährige würde ich auch nicht einladen. Es reicht in dem Alter, wenn da drei, vier Kinder kommen. Die Idee: So viele Jahre das Kind wird, so viele Kinder darf es einladen, ist gar nicht so schlecht.
Aber man braucht Programm, nicht immer können die Kinder alleine spielen. Oft kennen sich untereinander ja auch nicht alle.
Es ist sicher sinnvoll, ein Programm parat zu haben – und dann flexibel damit umzugehen. Wenn man dann merkt, die Kinder spielen auch allein, zieht man sich zurück. Spielen ist schließlich das, was Kinder am besten können!

Die Verantwortung ist eben groß. Man hat Angst, dass dann Kinder ausgeschlossen werden, dass es Tränen gibt.
Die kann es immer geben, so ist das Leben. Unter Kindern gibt es ebenso Sympathien und Antipathien wie bei uns. Die tragen ihre Konflikte nur direkter aus, wir müssen das aushalten – aber auch dafür sorgen, dass Lösungen gefunden werden. Gut ist immer, wenn die Kinder sich bewegen dürfen.
Man will natürlich, dass der Geburtstag schön wird.
Daran ist ja auch nichts falsch. Aber ob der Geburtstag am Ende gelingt, hat man nicht in der Hand. Man kann Enttäuschungen beim Kindergeburtstag nicht vermeiden. Und auch ein misslungener Geburtstag ist viel wert, hinterher weiß man dann nämlich: So machen wir es nicht mehr.
Manche tüfteln wochenlang an der Schnitzeljagd.
Man sollte sich schon fragen: Für wen feiere ich den Geburtstag? Mach ich das alles noch für mein Kind? Oder geht es hauptsächlich darum, dass ich als einfallsreiche, witzige Mutter gut dastehe? Dann sollte man einen Gang runterschalten. Was mir wichtig ist: dass Eltern wegkommen davon, sich ständig mit anderen zu vergleichen. Das Einzige, worauf es beim Kindergeburtstag ankommt, ist, dass man genau den Geburtstag feiert, der zur Familie passt.
Sein eigenes Kind will man nicht zu sehr in den Mittelpunkt stellen. Aber man will auch würdigen, dass es Geburtstag hat!
Ich finde die Idee ganz gut, dass das Geburtstagskind entscheiden darf, wer anfängt bei den Spielen. Es wird nicht immer selbst anfangen wollen. Aber dann hat es trotzdem eine wichtige Funktion.
Wie weit lasse ich das eigene Kind den Geburtstag mitplanen?
So weit wie möglich, und das auch schon von klein auf. Aber die Eltern sollten sich noch mit dem Programm identifizieren können. Also: Will das Kind zu McDonalds und für die Eltern wäre das ein Alptraum, macht man es nicht.
Ist es verwerflich, eine Animateurin zu bestellen?

Schlimm nicht, aber wenn man beruflich so eingespannt ist, dass man nicht einmal mehr Zeit und Muße findet, um einen Geburtstag fürs Kind vorzubereiten, kann man sich schon fragen, ob es noch so läuft, wie man es selbst will? Der Kindergeburtstag ist ja insgesamt auch eine schöne Gelegenheit, den anderen Eltern und Kindern zu zeigen: So wohnen wir, so sind wir. Vielleicht sagt man dem Kind in Ruhe: Eine Wahnsinnsshow können wir nicht bieten. Aber eine Rallye hat man doch auch an einem Abend entworfen.

Wer kommt, bestimmt das Geburtstagskind?
Ja, wir geben die Zahl der Kinder vor, die kommen dürfen. Dann wird die Liste gemacht!

Und wenn die Nachbarstochter nicht dabei ist, bei der mein Kind auch immer eingeladen ist?
Dann kann man ja sagen: »Überleg bitte noch mal, ob die Julia nicht doch kommen darf. Sie hat dich auch eingeladen.« Wenn's beim Nein bleibt, dann ist es so.

Wie viele Geschenke brauchen Kinder?
Eins, wenn's gut läuft, mal zwei. Wenn man zu viel kriegt, verliert man nur den Überblick. Ich bin ein Wenigschenker geworden, ich finde schnell: Es reicht. Wenn ich als Kind schon alles habe, dann ist nichts mehr wichtig, das nimmt mir den Lebenssaft.

22 Sag schön »Guten Tag«!

Wie wird aus meinem Kind ein freundliches Wesen, das sich gut benimmt?

Ich will natürlich, dass mein Kind freundlich ist zu anderen. Wie erreiche ich das?
Indem auch ich freundlich bin. Zu mir selbst ebenso wie zu anderen um mich herum.
Muss ich also, sobald ich Kinder habe, nett sein zu jedem – auch wenn ich ihn nicht mag?
Nein, warum. Gut wäre eher, authentisch zu sein zu den anderen. Freundlich meine Grenzen zu ziehen. Das ist das Entscheidende. Wozu man allerdings schon ein bisschen Mut braucht.
Meist zieht man sich eher irgendwie aus der Affäre, und zu Hause wird dann geschimpft über die geizige Tante, den spießigen Nachbarn.
Da bekommen die Kinder natürlich den Unterschied zwischen unserer Einschätzung und unserem tatsächlichen Verhalten mit – und das irritiert sie. Andererseits gehört diese Diskrepanz von sozialem Verhalten und unseren Gefühlen auch zum Alltag dazu. Wir müssen ja ständig mit Leuten zurechtkommen, die nicht unsere besten Freunde sind.
Darf ich vor den Kindern sagen, dass ich jemanden nicht besonders leiden kann?
Natürlich, warum auch nicht, die Kinder spüren es ohnehin.
Und ich muss damit leben, wenn die Kinder nicht all die Leute nett finden, die ich mag?
Ja, klar, das kann vorkommen. Kann auch sein, dass die Kinder zur

Oma heute weniger herzlich sind, als ich das gern gehabt hätte. Wir sollten die Kinder nicht veranlassen, Gefühle zu inszenieren.
Wenn das Kind beim Metzger eine Scheibe Wurst bekommt, folgt von den Erwachsenen prompt: »Und, was sagt man?«
Ich mag es nicht, wenn das Kind so aufgefordert wird, zu funktionieren. Wenn vom Kind nichts kommt, weil es noch klein ist oder vielleicht die Wurst ja auch gar nicht wollte, würde ich als Erwachsener mich dafür bedanken. Das Kind macht mich ja nach – und wird bei einem der nächsten Male wahrscheinlich von sich aus danke sagen.
Wenn das nicht eintritt – und auch das Schulkind sich noch nicht von sich aus bedankt?
Dann ist etwas schiefgelaufen, da hab ich als Vater oder Mutter die Infoleistung nicht hingekriegt. Vielleicht ist aber das Kind auch heimlich Vegetarier!
Und zum Guten-Tag-Sagen, soll man dazu die Kinder auffordern?
Ich habe erlebt, dass das genau zur Verlangsamung des ganzen Prozesses führt. Es geht ja letztlich um Respekt, den das Kind Erwachsenen gegenüber zum Ausdruck bringt, indem es grüßt. Aber diesen Respekt müssen wir Erwachsenen uns auch verdienen – indem wir uns Kindern freundlich, aber auch vorsichtig nähern.
Viele Kinder geben einem zwar die Hand, aber sie schauen einen nicht an.
Und das ist völlig in Ordnung! Es ist ein Zeichen von Schüchternheit, sie wollen sich den Blicken der Erwachsenen in dem Moment eben nicht aussetzen. Wenn man das Kind zwingt, dem anderen in die Augen zu sehen, dann sehe ich darin eher eine Ehrverletzung des Kindes.
Wenn erwachsener Besuch nach Hause geht – müssen die Kinder dann aus ihren Zimmern kommen, um sich zu verabschieden?
Man kann sagen: »Bitte komm raus, um dich zu verabschieden.« Aber auch der Besuch könnte an die Tür klopfen und Tschüss ru-

fen. Kinder begrüßen und verabschieden sich meist viel informeller, als wir das tun, das sollte man auch berücksichtigen. Ich finde, bei dem Thema geht es vor allem darum, dass unsere Kinder die sozialen Gesten kennen. Ob sie in jedem Moment so funktionieren, wie wir uns das vorstellen, finde ich weniger wichtig.

Und fürs Weihnachts- und Geburtstagsgeschenk der Oma: Da hält man die Kinder aber schon an, sich zu bedanken?

Ja, auf jeden Fall. Das gehört dazu zum Beschenktwerden. Wenn das Kind es heute nicht schafft, dann eben morgen.

Reicht auch ein Dankeschön in E-Mail-Form?

Also, ich würde dem Kind nicht auch noch vorschreiben, wie es sich bedanken soll. Ich kann ja sagen: »Ich fände es besser, du schreibst einen Brief.« Aber ich sollte damit leben können, wenn das Kind es bei einer E-Mail belässt.

Tischmanieren sind auch wichtig.

Mir ist wichtig an der Sache, dass die Kinder sich prinzipiell auskennen, dass sie wissen, wie man in Gesellschaft isst. Ob sie jetzt zu Hause auch kerzengerade dasitzen oder nicht, ist für mich dann eher zweitrangig.

Ich will nicht unbedingt, dass mein Sohn zu Hause die Suppe mit aufgestütztem Ellenbogen reinschlürft.

Andererseits: Man soll sich auch wohlfühlen beim Essen – zu Hause muss man sich auch ein bisschen gehen lassen können. Wenn die Sitten zu starr sind, macht es keinen Spaß mehr. In der Regel benehmen sich die Kinder woanders ja bestens.

Angenommen, die Oma ruft an und will den Enkel sprechen. Aber der ist gerade in sein Spiel vertieft und sagt, er will nicht ans Telefon – was macht man in so einem Fall?

Eine Frage auf Ehre und Gewissen! Erst mal ist es ein Kompliment an die Familie, wenn der Enkel sich traut, auszusprechen, wie es ihm geht! Vielleicht kann er die Oma zurückrufen, wenn er fertig ist mit Spielen?

Wenn mein Kind einem anderen die Schaufel weggenommen hat – entschuldige ich mich dann stellvertretend für mein Kind?
Zum Beispiel! Sie können zum anderen Kind sagen: »Ich hab gesehen, was passiert ist, das war nicht in Ordnung! Mein Kind reißt manchmal anderen die Schaufel weg.«
Freundliches Auftreten soll ja nicht nur eine hohle Form bleiben. Wie erreiche ich, dass das, was die Kinder tun, auch von Herzen kommt?
Indem ich mit den Kindern selbst auch so umgehe. Ihnen hohles Gewäsch möglichst erspare und ihnen ehrlich gegenübertrete.

23 Das mach ich später!

Kann mein Grundschulkind die Hausaufgaben wirklich schon alleine machen?

Wie weit muss ich mich in Schulangelegenheiten meines Grundschulkindes einmischen?
Ich würde mich raushalten, soweit es irgendwie geht. Was Eltern tun können, ist, zu Hause eine gute Lernatmosphäre zu schaffen. Wobei es vom Kind abhängt, wie die aussehen soll. Manche lernen gern im Trubel, andere brauchen Ruhe – und ziehen sich lieber in ihr Zimmer zurück.
Schafft mein Erstklässler denn seine Hausaufgaben schon allein?
Warum nicht? Falls Fragen auftauchen, sind Sie ja da.
Die meisten Eltern kontrollieren die fertigen Hausaufgaben.
Mich macht das Wort kontrollieren fertig. Wenn es mich interessiert, würde ich mir die Hausaufgaben zeigen lassen. Aber nicht, weil ich bei der Gelegenheit nachsehen will, wie sie gemacht worden sind.
Muss ich mich nicht vergewissern, ob alles gescheit gemacht wurde?
Wenn mir das wichtig ist, dann frage ich doch einfach: »Hast du alles erledigt?« Ich will mein Kind in seinem Kinderleben doch nicht kontrollieren, ich will es liebevoll begleiten. Und: Das Kind will ja lernen.
Wenn ich sehe, die Sachen wurden eher hingefetzt – moniere ich das dann?
Es geht mich streng genommen nichts an, Hausaufgaben sind eine Sache zwischen Kind und Lehrer. Ich kann sagen, wenn ich will: »Ah, jetzt sehe ich mal, wie du schreibst!« Im Übrigen finde ich,

dass Hausaufgaben überschätzt werden, sie nehmen zu viel Raum ein!
Und Fehler, soll ich die korrigieren?
Da würde ich das Kind fragen, wenn ich sein Heft ansehe: »Willst du, dass ich dich auf Fehler hinweise?« Wenn das Kind Nein sagt, lasse ich es.
Wie sähe sie dann aus, die liebevolle Begleitung des Grundschulkindes?
Ich stelle mir darunter vor allem vor, dass Eltern die Stimmung ihres Kindes wahrzunehmen versuchen; dass sie herausfinden, ob das Kind sich in der Schule wohlfühlt oder nicht. Dem ganzen Komplex Schule würde ich zu Hause weniger Macht einräumen. Schule ist nicht so wichtig. Bildung ist wichtig.
Aber Bildung erwirbt man ja in der Schule.
Man lernt nicht nur am Schreibtisch, man lernt 24 Stunden am Tag. Jetzt komme ich wieder auf die Hausaufgaben. Die sind oft wahnwitzig aufwendig zu machen und bringen vergleichsweise kaum etwas. Die Schule erwartet wie selbstverständlich von Eltern, dass die nachmittags Zeit haben, um mit Kindern Stoff nachzuarbeiten. Das geht nicht. Die Lehrpläne gehören endlich entrümpelt.
Ja, schon. Aber Vokabeln muss man trotzdem lernen.
Das sehe ich auch ein, wobei ich glaube, dass man auch Wörter in der Schule schon mehr üben könnte. Es wird zu viel auf die Familien abgewälzt. Die dürfen sich dadurch nicht unter Druck setzen lassen.
Oft sind es auch die Eltern, die sich und die Kinder unter Druck setzen. Weil sie so ehrgeizig sind!
Genau! Dagegen ist auch nichts zu sagen, solange sich der Ehrgeiz auf sie selbst bezieht. Wenn diese Eltern aber auch ehrgeizige Kinder wollen, erzielen sie mit ihren Maßnahmen sehr oft gerade das Gegenteil. Dann zieht sich das Kind erst recht zurück – und schaltet in den Super-langsam-Modus.

In den meisten Familien gilt die Regel, dass erst die Hausaufgaben gemacht werden, dann kommt das Spielen dran.
Feste Strukturen zu schaffen, ist für viele sicher eine gute Idee. Und dann kann man die Strukturen ja auch mal flexibel handhaben. Wenn zu schönes Wetter ist. Wenn das Kind zu aufgedreht ist. Allerdings gibt es sicher auch Kinder, denen es viel besser tut, erst mal zu spielen und sich am frühen Abend noch einmal hinzusetzen.
Wenn über den Hausaufgaben der Nachmittag ins Land geht: Soll man das einfach mitansehen?
Ich würde von vornherein sagen: Eine Stunde reicht. Wenn das Kind nicht fertig wird in der Zeit, schreibe ich ihm für den Rest eine Entschuldigung. Kinder sollen spielen!
Wie reagiert man, wenn das Kind daheim verkündet: »Heute mache ich keine Hausaufgaben. Ich gehe in den Wald und baue mir eine Hütte!«
Dann stellt man für abends, wenn beide Eltern da sind, Champagner kalt. Und stößt an auf sein selbstbestimmtes Kind! Das weiß, was ihm wichtig ist und guttut.
Aber müssen die Eltern denn Schule nicht auch ernst nehmen? Andererseits wollen die Kinder ja ihre Sache auch gut machen im Unterricht!
Aber Eltern müssen sich nicht zum Handlanger des Systems machen lassen. Ich finde, man kann die Institution Schule nicht mehr ernst nehmen. Wen ich ernst nehme, das sind die Lehrer. Die wie die Eltern ausbaden müssen, was das Kultusministerium ihnen vorsetzt.
Jesper Juul plädiert dafür, die Schulpflicht abzuschaffen zugunsten eines Bildungsrechts für alle.
Zehn Prozent der Hauptschüler bei uns gehen ohne Abschluss von der Schule. Das ist für mich eine Bankrotterklärung des Systems. Das ist, wie wenn VW zehn Prozent seiner Autos ohne Lenkrad

oder mit nur drei Reifen ausliefern und dann die Schuld auf die Zulieferer schieben würde. Solange die Kinder jeden Tag Punkt acht im Klassenzimmer sitzen, muss Schule sich nicht ändern. Sogar die Bundeswehr hat die Wehrpflicht abgeschafft. Das sollte uns zu denken geben.

24 Ich will, dass aus dir was wird!

Wie sehr dürfen wir die schulische Laufbahn unserer Kinder bestimmen?

Darf ich mir wünschen, dass mein Kind aufs Gymnasium geht?
Ja, klar, wünschen dürfen Sie sich viel. Die Frage ist, wie Sie diesen Wunsch zum Ausdruck bringen.
Was kann ich sagen?
Ich bin total dafür, dass man ausspricht, was man denkt. Kinder spüren ja ohnehin, wo bei den Eltern die Präferenzen liegen. Aber man muss eben auch unbedingt das Kind im Auge haben. Also sagt man vielleicht: »Ich fände es einfach gut, wenn du Abitur hättest. Wie sieht es für dich aus? Was willst du?«
Ein Zehnjähriger kann noch nicht abschätzen, was es bedeutet, Abitur zu haben.
Aber es ist ja nicht gesagt, dass er, wenn er auf die Realschule geht, nie Abitur machen wird. Wir glauben immer, die Schule könnte die Zukunft unserer Kinder bestimmen, aber Fakt ist: Jeder hat sein Schicksal selbst in der Hand. Es gibt viele Möglichkeiten, Bildung zu erwerben und kreativ zu sein.
Der Übertritt ist auch viel zu früh. Die Intelligenz der Kinder ist mit zehn noch nicht ausgereift.
Die frühe Selektion ist Blödsinn und schadet allen. Auch Lehrer können oft nicht sagen, für welche Schulart ein Kind geeignet ist.
Kinder wollen meist dorthin gehen, wo auch die Freunde sind.
Für Kinder ist Beziehung das Entscheidende, man sollte den Wunsch in jedem Fall sehr ernst nehmen. Ein Freund in der Klasse ist ein starker Antreiber, auch, um zu lernen.

Wenn am Ende zwei Schulen zur Wahl stehen: Wer entscheidet?
Ich würde die Schule nehmen, auf die das Kind will.
Hier darf das Kind dann allein entscheiden – aber zum Wandern muss es mit, gegen seinen Willen?
Wandern ist ja eine einmalige Angelegenheit, eine Unternehmung im Familienverbund. An einem Sonntag, einem Wochenende. Aber auf die Schule geht das Kind allein – und im Zweifelsfall acht Jahre lang. Wir wissen, dass man nur lernen kann, wenn die Umgebung möglichst optimal ist für ein Kind. Deshalb sollten Kinder viel mitzureden haben bei der Wahl der weiterführenden Schule.
Wenn aber die Eltern eine Schule im Auge haben, die bessere musische Angebote hat und pädagogisch weiter ist als die, auf die das Kind will?
Dann könnte man seinem Kind sagen: »Für mich wäre es wichtig, dass du dorthin gehst. Die Schule finde ich einfach besser! Kannst du dir denn vorstellen, das einfach mal auszuprobieren?« Wenn dann ein Nein kommt, würde ich das akzeptieren.
Unsere Erfahrung wiegt also weniger als das Gefühl der Kinder?
Die Schule ist nicht unser Arbeitsplatz, sondern der der Kinder. Die sollen sich dort wohlfühlen. Ein Kind wird mehr Engagement mitbringen, wenn es auf die selbstgewählte Schule gehen darf.
Wie können wir unsere Kinder auf weiterführenden Schulen unterstützen?
Indem wir unser Glück nicht von den Schulnoten des Kindes abhängig machen. Indem wir nicht behaupten zu wissen, was aus den Kindern mal werden soll. Indem wir versuchen, dem Kind die Lernfreude zu erhalten.
Die meisten Kinder haben schon in der zweiten Klasse den Spaß an der Schule verloren.
Gerade deshalb sollte man darauf achten, dass Schule im Leben der Familie nicht zu viel Gewicht bekommt.
Oft sprechen Lehrer mehr mit den Eltern als mit den Kindern.

Ich fände es auch viel besser, wenn die Kinder in Sprechstunden mitgehen würden. Und zwar schon ab der Grundschule. Es geht ja die ganze Zeit ums Kind. Es nützt nichts, Schulsorgen ohne die Betroffenen zu besprechen.
Wie reagiere ich eigentlich auf einen Verweis?
Elastisch. Sehr elastisch.
Damit meinen Sie …
… dass ich auf jeden Fall nicht noch mit zusätzlichen Strafen ankomme. Sondern mir erst mal erzählen lasse, was überhaupt genau passiert ist. Vielleicht hat der Sohn/die Tochter einfach aus Übermut einen Streich gespielt, vielleicht kommt er/sie auch mit dem autoritären System nicht zurecht. Kinder müssen auch lernen, wie weit sie gehen können.
Aber muss ich nicht auch meinem Kind klarmachen, dass es sich den Lehrern gegenüber benehmen soll?
Die Luft kann man sich sparen. Wie man sich benimmt, weiß doch jeder. Die entscheidende Frage ist: Warum tut man es dann nicht? Es geht darum, diesem Verhalten einen Sinn zu geben. Oft benehmen sich Menschen nur deshalb auffällig, weil sie sehen wollen, wie die anderen reagieren.
Wie geht man damit um, wenn ein Kind weit unter seinen Möglichkeiten bleibt?
Dann setzt man sich mit dem Kind zusammen und versucht rauszufinden, was los ist.
Und auf ein schlechtes Zeugnis – wie reagiert man darauf?
Wichtig ist, dass das Kind sich trauen kann, dieses Zeugnis daheim auch herzuzeigen. Man kann es ja ansehen und sagen: »Okay, so sieht es also aus.« Und dann? Wird erst mal gefeiert, dass das Jahr oder Halbjahr zu Ende ist. Vielleicht geht man essen. Nach ein paar Tagen kann man gemeinsam überlegen: »Was ist los? Willst du es schaffen, was brauchst du dafür? Ist deine Schule auch die richtige für dich? Wie kann ich dir helfen?«

25 Komm, mein Sohn, wir bauen ein Baumhaus!

Wie werde ich ein guter Vater?

Für die Mutter ist der Kontakt mit dem Neugeborenen selbstverständlich. Wie kann der Vater sich mit dem Baby bekannt machen?
Erst einmal ist mir wichtig, dass klar wird, dass Männer keine Verbindung zum Neugeborenen haben, es ist ja nicht in ihnen gewachsen. Sie brauchen Zeit, um sich mit dem Kind zu verbinden.
Das heißt: Die Bindung zwischen Vater und Kind passiert nicht selbstverständlich, man muss diesen Kontakt wirklich wollen. Und dann etwas dafür tun.
Genau. Der Vater hat die Unumkehrbarkeit des Werdensprozesses des Kindes nicht am eigenen Leib erlebt. Er hat immer einen größeren Abstand zum Kind als die Mutter. Das kann auch von Vorteil sein. Zum Beispiel ist er meist weniger ängstlich.
Wie kann der Vater eine Verbindung zu seinem Kind herstellen?
Indem er mit ihm umgeht und da ist. Er muss langsam ein Gefühl für sein Kind entwickeln, einfach, indem er mit ihm Zeit verbringt. Manchmal muss er dafür vielleicht auch der Mutter das Kind einfach wegnehmen – im positiven Sinn. Ihr sagen: »Jetzt kümmere ich mich in den nächsten zwei Stunden, geh du spazieren oder lies mal ein Buch.«
Oft haben Väter, wenn das Baby kommt, gerade zwei Wochen Urlaub. Das ist wenig.
Man muss ja auch Geld verdienen, es ist nicht einfach. Unsere Kultur steckt in dieser Beziehung noch in den Kinderschuhen, wir haben noch nicht verstanden, welche Erleichterungen es für die

gesamte Gesellschaft mit sich bringen würde, wenn Väter um 16, 17 Uhr vom Job nach Hause gehen könnten. Das wäre eine Riesenerleichterung für alle. Und würde sich volkswirtschaftlich mit Sicherheit rechnen. Wir hätten gesündere Kinder und entspanntere Erwachsene.

Viele würden sagen: Na ja, ein Baby braucht ohnehin erst mal die Mutter.

Ein Kind braucht feste Bezugspersonen, an die es sich binden kann. Das könnte auch die Oma oder die Kinderfrau sein. Aber wenn ich schon ein Kind habe, dann liegt mir als Vater doch auch was daran, dass ich das bin. Es ist auch für das Paar sehr wichtig, dass der Mann als Vater präsent ist.

In Norwegen haben Väter einen zehnwöchigen Erziehungsurlaub. Bei uns dauert der Mutterschutz gerade mal sechs Wochen.

Skandinavien, glaube ich, ist uns da ziemlich voraus. Wenn in Schweden ein Chef einen seiner Angestellten, der Familie hat, um 19 Uhr noch im Büro sitzen sieht, fragt er ihn, ob es Probleme gibt daheim. Bei uns würde dieser Chef sagen: »Sie sind aber fleißig, Herr Meyer.«

Jetzt haben wir rechtlichen Anspruch auf einen Krippenplatz, aber der Arbeitgeber schätzt es gar nicht, wenn wir Familie gründen.

Wir haben eine kinderfeindliche Gesellschaft geschaffen, die davon ausgeht, dass ein Angestellter zwei Persönlichkeiten hat: die Arbeitspersönlichkeit, die von mindestens 9 bis 17 Uhr am Schreibtisch sitzt. Und auf dem Weg nach Hause soll dann im Auto unsere Familienpersönlichkeit aufpoppen. Aber so ist es nicht. Wir sind keine Automaten, die man beliebig programmieren kann. Arbeitswelten sind steril, künstlich getrennt vom Restleben, das ist unmenschlich.

Schwierig ist ja: Die Jahre, in denen man Karriere macht, fallen mit denen zusammen, in denen man Familie gründet.

Das ist mittlerweile doch gar nicht mehr so. Wir können heute

Leistung bringen, bis wir 70, 80 Jahre sind. Und die heutigen Generationen sind noch viel fitter.

Immerhin nehmen zunehmend Väter auch Elternzeit.

Das ist ein Anfang, der in die richtige Richtung geht. Aber nach diesen drei Monaten hört das Vatersein ja nicht auf.

Das Allensbacher Institut für Demoskopie hat herausgefunden, dass Väter im Schnitt höchstens 2,5 Stunden pro Woche mit ihren Kindern verbringen. Eher wenig.

Das wäre für mich als Vater undenkbar gewesen – viel zu kurz. Und ich hätte auch nicht gewollt, dass mein Kind sich, weil ich nicht verfügbar bin, an andere Personen bindet.

Welche Aufgaben in der Familie kann ein Vater übernehmen?

Alle, bis auf das Stillen natürlich. Es kann sich sehr nachhaltig auswirken, wenn etwa der Vater es übernimmt, sich nachts ums Baby zu kümmern, wenn es mal weint. Und nicht gerade Hunger hat.

Väter haben überhaupt keine Vorbilder für ihre neue Rolle. Die Väter der Generation davor hatten mit Familie noch nicht viel am Hut. Die Frauen haben ihnen den Rücken für den Beruf freigehalten.

Das stimmt, aber, wie gesagt, es ändert sich ja gerade.

Mütter vertrauen Vätern in der ersten Zeit oft nicht so sehr.

Väter machen es anders, nach Ansicht der Mütter oft schlechter. Aber das ist der Prozess. Väter müssen einfach rauskriegen, wie sie am besten mit dem Baby umgehen.

Dann wäre es eine gute Idee, wenn die Mutter, sobald das Kind ein Jahr ist, den Vater mit dem Kleinen mal eine Woche allein lässt? Und selbst kurz Urlaub macht?

Das wäre wunderschön. Väter sollten sie um diese Zeit herum wirklich mal vom Nest verscheuchen. Das ist gegen ihren Instinkt, Mütter nehmen sich die Auszeit nicht. Aber es wäre für alle ein Segen.

Natürlich nur, wenn man dann nicht täglich anruft und kontrolliert, ob alles läuft.

Nein, das wäre verboten. Was die Mutter dadurch gewinnt, ist einen wirklich kompetenten Partner. Und die Kinder einen souveränen Vater.

Früher waren die Väter die, die dann eingegriffen haben, wenn Strenge gefragt war. Die Mutter war eher die liebe Glucke.

In diese Rolle sind die Väter gekommen, weil sie nie da waren. Den Anstandswauwau kann man nur machen, wenn man vom ganz normalen täglichen Wahnsinn keine Ahnung hat. Aber die Zeiten sind Gott sei Dank bald vorbei.

Vor allem Buben brauchen ihre Väter.

Söhne nehmen sich den Vater als Rollenvorbild. Was aber nicht heißt, dass sie auch werden wie er. Söhne lernen durchaus auch aus schlechten Vorbildern. Wenn der Vater viel trinkt, kann es sein, dass der Sohn später Alkohol komplett meidet. Sie haben also sehr wohl die Wahl, wer sie werden wollen. Dafür müssen sie natürlich den Vater kennengelernt haben.

Für Mädchen ist der Papa der erste Mann in ihrem Leben. Sie brauchen ihn als Spiegel für ihre Weiblichkeit – man merkt es, wenn sie plötzlich ganz kokett mit ihm umzugehen anfangen.

Es ist dann ganz wichtig, dass die Väter damit respektvoll umgehen und auf das Umworbenwerden, das ja nur Übung ist, nicht wirklich eingehen. Gleichzeitig ist es manchmal vielleicht auch Zeit, zum Backfisch daheim zu sagen: »Ich glaube, langsam brauchst du einen Freund!«

Fällt es Vätern leichter, sich von den Kindern zu trennen, sie ins Leben zu entlassen?

Ja, ich denke, weil die körperliche Verbindung ja nie so eng war wie zur Mutter. Aber es kommt natürlich auch noch darauf an, was die Väter mit ihren Kindern zusammen erlebt haben, wie viel an gemeinsamem Wachstum stattgefunden hat. Wenn der Vater viel gelernt hat, ist mit den Kindern eine ganz enge Verbindung da.

Erich Fromm hat gesagt: »Der Vater ist derjenige, der das Kind lehrt,

der ihm den Weg in die Welt weist«. Was ist der Part der Väter in der Familie?
Für mich ist Familie, das Zusammensein mit Kindern, dazu da, die Selbstständigkeit der Kinder zu unterstützen, zu fördern. Zu schauen: Was ist das für ein Kind. Seine Begeisterung fürs Leben zu fördern. Es zu ermuntern, die Welt kennenzulernen, Wanderjahre zu unterstützen.
Sie geben viele Väterkurse. Was, erfahren Sie, ist das größte Anliegen Ihrer Kursteilnehmer?
Viele Väter wollen weniger arbeiten, um mehr Zeit für die Familie zu haben. Aber gleichzeitig müssen sie eben auch ihre Familien ernähren – an sich schon eine Riesenleistung. Viele sehnen sich auch nach mehr Ruhe und Erholung zu Hause. Die flüchten nur deshalb regelrecht ins Büro, weil die Familie zu Hause zum Krawallort geworden ist.
Männer sind noch mehr programmiert darauf als Frauen, den Lebensexperten zu mimen. Das macht den Umgang mit Kindern nicht leichter, oder?
Dieses Denken, das des Indianers, der keinen Schmerz kennt, verändert sich doch auch gerade. Männer wollen auch Gefühle zeigen, wobei die wenigsten das gelernt haben. Der Wunsch, als Vater präsent zu sein, ist ziemlich groß geworden – dafür lässt man auch die Maske runter. Die Jugendlichen sind sowieso ganz anders, die denken viel offener und freier als wir damals. Und reden viel intensiver miteinander.

26 Ich geh aber nicht mit zum Wandern!

Wie gelingt unser Wochenend-Ausflug?

Wohl in den wenigsten Familien ist es so, dass sonntags alle pfeifend das Haus verlassen, die Wanderrucksäcke auf den Rücken. Meist mosern die Kinder. Sie wollen nicht wandern, sie wollen ins Schwimmbad, sie sagen: »Ich geh nicht mit.« Wie reagiert man darauf als Eltern?
Das kommt auf das Alter der Kinder an. Jugendliche zwinge ich nicht mehr zu einem Ausflug. Auch bei einem Elfjährigen mache ich es so, dass ich ihm zuhöre, was er zu sagen hat. Aber das heißt nicht, dass ich mich dann verpflichtet fühle, zu machen, was er vorgeschlagen hat.
Ist das nicht scheinheilig? Man lässt den Kerl reden – und macht dann doch, was geplant gewesen ist?
Man behält ja auch, was er gesagt hat, im Hinterkopf. Vielleicht lässt man sich auch umstimmen. Es ist letztlich egal, was man macht, das Wichtige ist nur: Es bleiben die Eltern, die entscheiden.
Und wenn die Eltern wandern wollen, wird gewandert.
Ja! Eltern müssen in Kauf nehmen, sich bei ihren Kindern unbeliebt zu machen; dabei verlieren sie ja nicht die Liebe der Kinder, das ist eine ganz andere Ebene.
Also: Kein schlechtes Gewissen mehr auf der Fahrt in die Berge?
Überhaupt nicht! Ein Elfjähriger muss auch rauskriegen, dass nicht alles schlecht ist, was sich erst mal nicht so gut anfühlt. Und Sie sind keine schlechten Eltern, nur weil hinten im Auto die Kinder wütend sind auf Sie. Sie sind nur dann schlechte Eltern, wenn

Sie zum Spielball der Kinder werden. Wenn die Kinder wissen, dass sie machen können, was sie wollen: Das geht schwer in die Hose.

Soll man denn Kompromisse vorschlagen wie: Wir wandern erst, aber danach gibt's ein Eis?

Natürlich kann man den Kindern nach dem Wandern ein Eis ausgeben. Aber man sollte es nicht von vornherein in die Verhandlungen einbringen, das untergräbt nur die eigene Position und ist nicht nötig, um die Beliebtheit bei den Kindern zu erhalten. Man kann das ruhig transparent machen und sagen: »Ich will nicht immer gleich die Kompensation mitplanen.«

Dieses ständige Verhandeln kann ganz schön anstrengend sein.

So ist nun mal Familie! Wenn man das genießt, auch die Forderungen der Kinder, ohne sich einschüchtern zu lassen: dann fängt Elternsein an, Spaß zu machen.

Noch mal zum Wandern. Und wenn die Kinder sagen: »Gut, geht ihr doch wandern, ich verabrede mich den ganzen Tag?«

Man kann den Kindern das auch mal erlauben, das nächste Mal besteht man dann wieder drauf, dass sie mitkommen. Es gibt keine Regel. Wichtig ist, dass die Eltern nicht aus Angst vor dem Protest der Kinder so entscheiden. Als Eltern muss man ja sehr oft gegen die Interessen der Kinder entscheiden, das ist so. Schon deshalb ist es erstrebenswert, erwachsen zu werden: weil man dann mehr Freiheiten hat.

Alleinerziehende Mütter haben es in der Beziehung besonders schwer. Es fehlt einfach der Vater, der sagt: »Schluss jetzt, ab ins Auto.«

Da fehlt der gesunde Abstand zu den Kindern, den der Vater oft hat, das stimmt. Alleinerziehende Mütter sind oft sehr nah am Kind dran. Aber sie dürfen sich erst recht nicht das Heft aus der Hand nehmen lassen. Weil nämlich, sobald man sich durchgesetzt hat und die Kinder im Auto sitzen, etwas Erstaunliches eintritt: Die Kinder scheinen erleichtert zu sein.

Die Kinder rebellieren also gegen die Pläne der Mutter, sind aber froh, wenn ihre Rebellion keinen Erfolg hat?
Genauso ist es. Die Kinder regen sich furchtbar auf, dass sie wandern gehen müssen, gleichzeitig ist es für sie eine Katastrophe, wenn die Mutter nur deshalb die Wanderung abbläst. Es ist allerdings sehr wichtig, dass Kinder überhaupt sauer sein dürfen.
Aber Kinder sind doch ständig wegen irgendwas sauer.
Wir definieren es immer als negativ, wenn Kinder nicht mitmachen. Aber das bedeutet eben auch: dass da Raum ist, um mal nicht zu kooperieren. Ohne dass die Erwachsenen gleich aus ihren Latschen kippen. Nur mit diesen ständigen Auseinandersetzungen macht man die Kinder stark fürs Leben.
Weil einem im Leben auch nichts geschenkt wird?
Wenn man Kindern immer alles erlauben würde, würde man sie zur absoluten Lebensuntauglichkeit erziehen. Das Leben hält doch Nackenschläge sekündlich parat, und um diese Nackenschläge aushalten zu können, muss man gelernt haben, Frust zu bewältigen.

27 Du bist frei, mein Kind!

Freiheit in der Familie – wie viel brauchen wir davon?

Wie viel Freiheit dürfen wir in der Familie für uns selbst beanspruchen, wie viel haben die anderen?
Grenzenlose Freiheit kann es in Beziehung natürlich nicht geben, man stößt ja schnell an die Grenzen des anderen. So würde ich dann auch Freiheit in Familien definieren: Die hört da auf, wo die Freiheit des anderen anfängt. Freiheit in Grenzen eben.
Wir neigen dazu, einander in Beziehungen einzuengen.
Die einzelnen Familienmitglieder ordnen oft die persönlichen Bedürfnisse, ihre ureigensten Wünsche dem großen Ganzen unter. Und das große Ganze soll dann bitte auch perfekt funktionieren – wenigstens nach außen hin.
Der Schein wäre dann also wichtiger als das Sein?
Für viele Familien ist das besonders wichtig: nach außen hin toll dazustehen, sozusagen problemfrei rüberzukommen. Das Problem dabei ist aber, dass man dann auch lebensfrei wird. Denn Probleme gehören nun mal zum Leben. Wo man versucht, die zu kaschieren, hört man auch auf zu leben.
Der erste Schritt wäre also, sich schon einmal von dieser Konvention zu befreien? Sich die Freiheit rauszunehmen, eine Durchschnittsfamilie mit Durchschnittssorgen zu sein?
Da wird dann die Fassade gleich menschlicher. Man sagt: Ich bin so frei und erlaube mir und meiner Familie, Probleme zu haben!
Kinder hatten früher gar keine Freiheit, sie mussten machen, was die Eltern wollten.

Das hat sich Gott sei Dank geändert, wir betrachten unsere Kinder nicht mehr als Leibeigene. Aber auch heute gibt es die Freiheit nicht einfach so. Für den Freiraum, der Kindern zuwächst, müssen sie die Verantwortung übernehmen, sie wachsen da langsam hinein. Indem sie unser Erwachsenenleben mitleben und ihre Erfahrungen sammeln. Dafür ist es wiederum nötig, dass wir ihnen vertrauen und ihnen Gelegenheiten geben, zu zeigen: Ihr schafft das schon!

Ohne Verantwortung und Vertrauen ist Freiheit also nicht denkbar. Wunderbar.

Wir wissen und singen es: Die Gedanken sind frei. Aber trotzdem sagen wir zu den Kindern: »Freu dich doch!«, wenn wir was Schönes erleben, und sind enttäuscht, wenn die Geburtstagsüberraschung nicht so gut ankommt wie gedacht. Dabei kann echte Freude erst dann aufkommen, wenn man auch die Freiheit hat, sich nicht zu freuen.

Man kann es so allgemein nicht sagen. Vielen Kindern ist es egal, ob man will, dass sie sich freuen oder nicht. Die sind ganz unabhängig in ihrem Gefühl. Andere saugen Stimmungen geradezu auf, bei denen sollte man vorsichtiger sein.

Oft nageln wir unsere Kinder gedanklich auf ein Verhalten, eine Charaktereigenschaft fest. Aus Angst!

Wenn wir denken: Unser Sohn ist so faul, aus dem kann ja nichts werden, und das über Jahre hinweg, dann können wir sicher davon ausgehen, dass aus ihm auch nichts werden wird. Solche Gedanken schwächen das Kind jeden Tag und entziehen ihm die Lebenskraft. Am Anfang ist das alles ja noch nonverbal, irgendwann spricht man es dann auch aus. Und, Vorsicht: Auch die nonverbale Sprache kommt an.

Man will eben, dass die Kinder gut ins Leben kommen und gut dastehen!

Das ist, als ob ein in der Fantasie gezeugtes Idealkind unsichtbar nebenher laufen würde in der Familie. Und unser ganzes Trachten und Streben geht dahin, unser Kind passend zu machen für diese Kopfgeburt. Das empfinde ich als Unverschämtheit.

Es schmeichelt einem halt, wenn man selbst Arzt ist und der Sohn dann auch Medizin studiert.

Man darf sich darüber ja auch freuen, wenn man glaubt, der Sohn hat eine Entscheidung getroffen, die ihn glücklich machen könnte. Aber generell finde ich es anmaßend, wenn Eltern sich an der Leistung ihrer Kinder bereichern. Und dann auch noch so tun, als wäre diese Leistung ihr Verdienst.

Wir sollten also dahin kommen, das jeweilige Verhalten unserer Kinder immer nur als Momentaufnahme zu betrachten? Heute isst mein Sohn Nudeln ohne Sauce, morgen kann er auch Brokkoli mögen? Nach dem Motto?

Ja, genau. Und von diesen Momentaufnahmen darf man sich auch nicht schrecken lassen, und erst recht darf man die Momentaufnahmen des Schreckens nicht hochrechnen und dann zum Schluss kommen: Das kann nichts mehr werden. Der isst bis an sein Lebensende Nudeln! Das ist wirklich eine Elternmarotte, und sie ist blöd. Sie schwächt alle.

Dem Kind Freiheit zu lassen in dem, was es wird, hieße dann also, erst einmal demütig anzuerkennen, dass man das selbst nicht bestimmen kann.

Man muss dem Kind die Definitionsmacht für sein Leben zurückgeben. Man kann nicht wissen, was für es das Beste ist. Man muss herausfinden: Was ist das für ein Kind, was braucht es, um das auszuprägen, was in ihm steckt?

Das ist eine fast buddhistische Haltung.

Ich finde es ja schade, dass uns zu dieser, wie ich finde, eigentlich ganz normalen Haltung gleich religiöse Assoziationen kommen. Es ist unser aller Job, unsere Gemeinschaften in Richtung Mitmenschlichkeit zu beeinflussen.

Aber es ist ja sowieso so: Eltern sind in Wahrheit letztendlich machtlos. Wenn ihr Kind sich weigert zu lernen oder zu essen – sie können nichts tun.
Das stimmt total. Sie können natürlich mit Druck arbeiten und versuchen, den Willen des Kindes zu brechen. Die Alternative auch hier: die eigene Begrenzung anzuerkennen und zu akzeptieren, dass ich als Elternteil all dies mitentwickelt habe. Es ist das Kind, das sich dafür entscheiden muss, mit dem Lernen oder Essen wieder anzufangen.
Was kann man dann überhaupt tun, wie die Kinder beeinflussen?
Man kann immer sagen, was man selbst für richtig hält – und idealerweise nach diesen Vorgaben dann auch leben. Das macht den größten Eindruck auf Kinder.
Einer 14-Jährigen kann ich noch verbieten, sich piercen zu lassen. Aber dann macht sie es eben mit 18.
Ich würde es auch einer 14-Jährigen nicht mehr verbieten. Ich würde ihr sagen: »Ich finde unmöglich, dass du das tun willst. Aber entscheiden musst du.« Bei einer Sechsjährigen setze ich mich natürlich durch.
Kinder gehen gern in Opposition zu den Eltern. Wie viel Eigensinn gehört zur Selbstfindung?
Kinder wollen zum einen sehen, wie belastbar wir in unseren Überzeugungen sind. Und natürlich: Sie müssen erst den eigenen Standpunkt finden. Ich glaube, dass sich Jugendliche weniger gegen die Konventionen zu Hause auflehnen müssen, wenn sie auch von den Eltern wenig Druck erfahren.
Ist nicht die Gefahr groß, dass man die Zügel aus der Hand gibt, wenn man den Kindern zu viel zutraut?
Kinder brauchen zum einen Zutrauen ebenso wie Freiraum. Aber, und das ist ganz wichtig, sie brauchen eben auch Eltern, die die Führung in der Familie übernehmen. Die Orientierung geben, aber gleichzeitig ihre Macht nicht missbrauchen.

Jugendliche sind mit 16, 17 schon ziemlich frei darin, was sie tun. Kann man da noch steuern?
Was ich Jugendlichen gebe, sind Anhaltspunkte, Orientierungshilfen. »So-und-so habe ich das gemacht, sehe ich das, denke ich.« Aber: Entscheiden muss der Jugendliche, die Folgen für sein Tun trägt er ja auch selbst.
In der Paarbeziehung geben sich viele auf. Wie schafft man das, nicht völlig zu verschwinden vor lauter Liebe?
Indem man zurückdenkt an die Zeit vor der Beziehung – und sich dann verbündet mit den Tankstellen der Vergangenheit. Wer früher gern geradelt ist und das Radeln im Lauf der Beziehung aufgegeben hat, kann das Fahrrad wieder aus dem Keller holen! Alle werden, wenn sie das sehen, aufatmen: weil das auch für sie ein Freiheitsgewinn ist. In einer Beziehung gibt es Projekte, die jeder für sich verfolgt, ebenso wie Projekte, die man gemeinsam hat.
Für Alleinerziehende ist das schwerer. Sie können, jedenfalls, wenn die Kinder klein sind, nicht jederzeit losradeln. Und oft sind sie zu sehr auf die Kinder bezogen. Und vergessen ihre Projekte!
Umso dringender müssen sie dafür sorgen, dass ihnen Zeit für sich bleibt, dass sie Gelegenheit haben, ihre eigene Batterie von Zeit zu Zeit wieder aufzuladen.

28 Schluss jetzt!

Welche Grenzen braucht mein Kind?

Eine Familie braucht einen Rahmen – wo steckt man die Eckpunkte fest?
Zum Beispiel am Tagesablauf. Drei Mahlzeiten am Tag etwa – das ist schon eine Orientierung. Weiter natürlich der Tagesablauf der Eltern. Der Rest sind persönliche Bedürfnisse, die die Eltern formulieren.
Es heißt ja immer: Kinder brauchen Grenzen! Sind also mehr Grenzen besser als weniger?
Mit dem Wort Grenzen habe ich ein bisschen Schwierigkeiten. Orientierung gefällt mir besser. Kinder brauchen unbedingt Eltern, die ihnen sagen:»Ich brauche von dir …«, »ich will, dass du …«, »ich kann jetzt« oder »ich kann jetzt nicht«.
Sollen wir die Kinder also ständig darüber unterrichten, wie es uns womit geht?
Wenn darin die Beziehung zum Kind eine Rolle spielt: ja. Am Ende ist es unser So-Sein, das die Kinder erzieht. Und keiner hat dabei an Erziehung gedacht.
Was, finden Sie, muss in einer Familie unbedingt eingehalten werden? Welche Regeln sind unverhandelbar?
Das ist verschieden von Familie zu Familie. Überall sollte allerdings gelten: Die Würde jedes Familienmitglieds ist unantastbar.
Darf ich auch ankündigen: Heute will ich einfach nicht spielen?
Sie können immer zum Ausdruck bringen, wonach Ihnen zumute ist – wenn Sie es persönlich formulieren, etwa: »Heute freue ich mich so darauf, meine Sachen zu machen, dass ich nicht spielen

will. Aber: Du bist herzlich eingeladen, mit deinem Lego zu mir zu kommen!«

Ich formuliere also meine Grenzen je nach Tagesverfassung und aktuellen Bedürfnissen? Dann kann ich das Kind heute bitten, nicht Klavier zu spielen, wo ich mich doch gestern noch über das Klavierspiel gefreut habe?

Natürlich, das ist doch ganz normal. Heute nerven mich andere Dinge als gestern.

Es ist leichter, wenn bestimmte Regeln von vornherein feststehen. Etwa: Unter der Woche wird nicht ferngesehen! Dann muss man nicht immer neu verhandeln.

Fixe Grenzen erleichtern einem das Leben, wenn man unmündige, weisungsgebundene Jasager schaffen will. Wenn ich aber selbstständige, autonome Menschen ins Leben begleiten will, die sich der Gemeinschaft und sich selbst verpflichtet fühlen, dann muss ich ihnen meine persönlichen Grenzen aufzeigen.

Es ist gar nicht so leicht herauszufinden, was man aktuell will oder was einen gerade stört.

Man kann es mit dem Partner üben oder auch im Job, eigentlich überall. Man kann sagen: »Ich würde gern Ja sagen, aber ich merke, in mir sträubt sich auch was, ich brauche noch Zeit. Darf ich auch Nein sagen?« Man kann auch ruhig die ganze Familie einweihen und verkünden: »Ich hab selbst überhaupt nicht gelernt, meine Bedürfnisse zu formulieren, ich will jetzt damit anfangen, auch wenn es mir noch schwerfällt.« Das reicht! Es ist gut für die Kinder, zu hören, dass die Eltern sich entwickeln wollen.

Wenn man den Rahmen selbst verändern und vielleicht enger spannen will – wie geht man das an?

Man kann auch das ruhig ankündigen: »Hört mal, das und das gefällt mir nicht mehr, ich habe es bisher so gehandhabt und will es jetzt ändern. Ich bin mir noch nicht sicher wie, ich brauche noch ein bisschen, und vielleicht brauche ich auch eure Hilfe.«

Wie formuliere ich meine Bedürfnisse, ohne damit das Kind zu verletzen?
In einer persönlichen Sprache, die ausdrückt, wer ich bin, wie ich bin, was für ein Universum ich habe. Der andere wird dadurch nicht angetastet.
Wenn über die Stränge geschlagen wird: Darf ich dann schimpfen?
Warum nicht? Allerdings ist schimpfen und schimpfen nicht das Gleiche. Es ist nicht erlaubt, das Kind zu beleidigen.
Wenn man zu locker ist, hat man gleich Angst, ins Laissez-faire abzudriften.
Wenn Lockersein für Sie heißt: zu Hause auch die Fäden aus der Hand zu geben – dann sollten Sie nicht sehr locker sein. Am Ende sind Sie es, der bestimmt, was erlaubt ist und was nicht.
Ausnahme sind die Bereiche, für die das Kind selbst verantwortlich ist: Essen, Schlafen, Verdauung?
In Sachen Essen ist mir Individualität ganz arg wichtig, das hat für mich nichts mit Laissez-faire zu tun. Aber natürlich können Sie auch da Regeln vorgeben. Etwa: Essen wird erst probiert, ehe man es wegschiebt. Oder: Vor dem Essen gibt es nichts Süßes extra.
Noch ein paar Beispiele für persönlich formulierte Grenzen?
»Ich will, dass du dein Zimmer aufräumst!«, »Ich glaube, es ist besser, wenn du früh schlafen gehst!«, »Ich bin angestrengt von der Arbeit – ich will jetzt nicht mit dir spielen.«
Die Kinder haben ja auch ihre persönlichen Grenzen: Sind die so wichtig wie meine?
Aber natürlich!
Aber am Ende entscheide ich: wenn quasi Grenze gegen Grenze steht?
Ja, unbedingt. Auch deshalb, weil Kinder nicht wissen, was sie brauchen, sondern nur, worauf sie gerade Lust haben.

29 Wenn du den Computer jetzt nicht ausmachst, darfst du heute Abend nicht fernsehen!

Wie viel Konsequenz brauchen Kinder?

Wie konsequent sollten Eltern sein?
Das Wort konsequent mag ich nicht besonders, es ist ja meist mit Strafe verbunden. Was ich finde: Eltern sollten berechenbar sein.
Das heißt?
Sie sollten versuchen, sich selbst so genau wie möglich kennenzulernen – und sich dann auch zu zeigen, wie sie sind. Sie sollten merken, wenn sie genervt sind – und sie sollten das sagen können. Konsequent zu sein würde heißen: Eltern lassen auf Androhungen Strafen folgen. Oder bleiben, wenn sie einmal Nein gesagt haben, immer beim Nein. Mir wäre wichtiger, sie würden sich von stichhaltigen Argumenten der Kinder auch überzeugen lassen.
Konsequenz ist also nicht so wichtig?
In diesem Zusammenhang: nein. Ich finde viel wichtiger, dass Eltern für ihre Kinder erreichbar bleiben. Und, eben: Kinder sollten ihre Eltern einschätzen können. Konsequenz im Sinne von Strafe betrachte ich als indiskutablen Machtmissbrauch.
Das heißt also, ich sage zum Beispiel: »Bleibt mir ein bisschen fern heute, ich bin gestresst. Warum, weiß ich noch nicht so genau.«
Ja, so in etwa. Vielleicht sagt man auch: »Mit euch hat es aber nichts zu tun.«
Die Voraussetzung für Konsequenz wäre ja, dass es fixe Regeln gibt zu Hause. Wie wichtig finden Sie die?

Wichtig finde ich, dass es Werte gibt. Wie Verlässlichkeit, Aufrichtigkeit, Empathie, dass man einander hilft. Versucht, den anderen wahrzunehmen. Regeln in Form eines Rahmens: Ja, die sollte es geben. Aber ich würde versuchen, die so knapp wie möglich zu halten.

Welche Regeln fänden Sie dann wichtig?

Dass man gemeinsam isst, wenigstens einmal am Tag. Dass man Zeiten ausmacht, zu denen die Kinder zu Hause sind. Dass die Zimmer einigermaßen in Ordnung gehalten werden. Ich würde noch Zeiten für die Computer- und Mediennutzung festlegen. Der Rest wäre dann: Freiheit, wachsende Eigenverantwortung.

Und wenn diese Regeln nicht eingehalten werden, wenn das Zimmer zum Beispiel unmöglich aussieht, dann könnte man doch sagen: »Heute gehst du erst an den Computer, wenn du aufgeräumt hast.« Das wäre eine milde Form von Konsequenz.

Diese Wenn-dann-Taktik ist für mich wirklich das letzte der möglichen Mittel. Es gibt viele davor! Man kann doch ruhig sagen: »Ich will dich nicht unter Druck setzen, aber ich will auch auf keinen Fall, dass du weiterhin so lange am Computer zockst!« Wir sollten unsere Kinder nicht behandeln wie Befehlsempfänger!

Dann sollte man auch das eine Verhalten nicht mit dem anderen verbinden? Also den Computer schon rausrücken, aber gleichzeitig auch sagen: »Ich will, dass du mal wieder aufräumst!«?

Ich finde es immer besser, wenn etwas ohne Druck funktioniert. Man will ja auf Dauer nicht, dass der Jugendliche das Zimmer nur aufräumt, weil er sonst nicht an den Computer darf. Sondern weil er selbst den Saustall um sich herum erkennt. Was dauern kann bis zum Ende der Pubertät.

Wenn kleinere Kinder auf dem Spielplatz andere ärgern, sagt man gerne: »Wenn du weiterhin so unfreundlich bist, fahren wir nach Hause.«

Ich fände es besser zu sagen: »Mich ärgert es, wie du mit den ande-

ren Kindern umgehst. Jetzt fahre ich nach Hause, und du kommst mit.«
Aber da spielt man doch auch seine Macht aus. Das Kind kann nicht alleine dableiben.
Ja, so ist das eben.
Konsequente Eltern zu haben, ist für Kinder vielleicht einfacher. Sie wissen, sie brauchen gar nicht zu fragen, ob sie unter der Woche mal fernsehen dürfen. Sie dürfen es eben nicht, und Punkt.
Ja, aber es kann Momente geben, da ist Fernsehen unter der Woche sehr wichtig für Kinder. Zum Beispiel, wenn ein wichtiges Fußballspiel übertragen wird. Es geht hier weniger um das Ergebnis, es geht mir darum, ob es zu Hause auch eine Art Diskussionskultur gibt. Ich finde, Eltern sollten sich auch mal von ihren Kindern überzeugen lassen.
Dann muss man immer neu verhandeln.
Ja, genau, und das macht ein lebendiges Familienleben ja auch aus.
Gibt es irgendeine Strafe, die vertretbar ist?
Nein, Strafen sind immer idiotisch. Weil die Kinder dann nur noch aus Angst vor der nächsten Strafe folgen. Und nicht, weil sie irgendwas bei der Sache gelernt haben. Doch genau das ist unser Job als Eltern: den Kindern klarzumachen, dass nur sie selbst es sind, die die Verantwortung für ihr Leben tragen. Allerdings, wenn's eng wird, könnte man sagen: »Was soll ich tun? Ich will dich nicht strafen, aber ich will unbedingt, dass du dich an die Abmachungen hältst!«
Was ist damit, die Kinder aufs Zimmer zu schicken, wenn man sich über sie geärgert hat?
Das Kind ins Zimmer zu schicken: Das finde ich unmöglich. Wenn man das Kind nicht mehr sehen will, geht man selbst weg.
Eine Zeitlang war der Stille Stuhl ziemlich in Mode. Kinder, die was ausgefressen hatten, sollten dann eine Zeitlang still malen, von den Geschwistern getrennt.

Der Stille Stuhl ist wie das Zimmer, nur ohne Tür. Damit mache ich nur das Kind verantwortlich dafür, was passiert ist – und schiebe ihm die Schuld für die Situation zu. In Wahrheit habe aber ich als Mutter oder Vater die Verantwortung für das Miteinander zu Hause.

Aber sind die Kinder nicht auch verantwortlich dafür, wenn sie sich untereinander streiten?

Für den Ton, der in einer Familie herrscht, sind allein die Eltern verantwortlich. Wenn Geschwister außergewöhnlich schlimm und viel streiten, sollten sich die Eltern Gedanken machen darüber, was in der Familie los ist. Wie viel haben sie mit dem Verhalten der Geschwister zu tun?

Wenn man Kinder öfters ins Zimmer geschickt hat und das jetzt ändern will: Soll man das ankündigen?

Das ist eine der schwierigsten Übungen für Erwachsene überhaupt: sich und anderen einzugestehen, dass sie erfolglos waren. Aber die schnellste Möglichkeit, wieder erfolgreich zu werden, ist es eben, sich die eigene Erfolglosigkeit einzugestehen – und das den anderen zu sagen: »Hör zu, das, was ich bisher probiert habe, hat nicht funktioniert. Ich dachte, es wäre das Beste. Das war es nicht. Ich will dich nicht mehr aufs Zimmer schicken, ich will Konflikte anders lösen. Kannst du mir dabei helfen?«

Ohne Druckmittel durchzusetzen, dass der Sohn sich an die abgemachten Computerzeiten hält, ist nicht so einfach.

»Ich will, dass du den Computer ausmachst!« Das sollte eigentlich genügen. Und wenn fünf Minuten überzogen wird, ist es ja auch nicht so schlimm.

Man kann nicht immer auf die Uhr schauen. Schnell wird viel mehr überzogen.

Zur Not ziehe ich dann eben auch mal den Stecker raus. In Bezug auf Medien brauchen Kinder einen Rahmen, das können sie selbst nicht von Anfang an im Griff haben.

Den Strom abzudrehen, ist auch eine Konsequenz.
Ja, und zwar eine, die zeigt: Ich bin am Ende meiner Möglichkeiten angelangt. Das sollte man dann auch so formulieren: »Ich will, dass du das jetzt akzeptierst. Das ist mein letztes Mittel, ich will, dass du jetzt mitmachst.«

30 Nein!

Wie verbiete ich etwas?

Das Wort hat eigentlich nur vier Buchstaben. Trotzdem kommt ein Nein Eltern oft schwer über die Lippen.
Die Weichspülung hat uns erreicht. Eltern heute wollen sich bei ihren Kindern nicht mehr unbeliebt machen. Die ein, zwei Kinder, die sie haben, sehen sie als Projekt, und wenn es den Kindern nicht gut geht, fühlen sie sich schlecht.
Man hat eben gern glückliche Kinder.
Es kann nicht unser Erziehungsziel sein, dass die Kinder glücklich sind. Das haben wir doch nicht in der Hand. Indem wir dieses Ziel verfolgen, verhalten wir uns nicht erwachsen. Kinder nervt das übrigens total.
Bitte? Finden Kinder es nicht voll cool, wenn sie alles kriegen? Vor dem Essen ein Eis? Das Handy mit zehn?
Mag sein, dass sie es cool finden. Aber das ist nicht, was sie brauchen. Sie brauchen es, wahrgenommen zu werden. Das Eis ist egal.
Was passiert mit Kindern, die alles kriegen?
Wenn wir nie Nein sagen, nehmen wir den Kindern eine elementare Lebenserfahrung: nämlich die, dass man nicht alles haben kann, was man will. Dass man auf die Erfüllung von Wünschen warten muss. Wir nehmen ihnen die Erfahrung, wie das Leben geht. Ich sage es in Seminaren immer wieder. Wer will, dass die 13-jährige Tochter zum 17-jährigen Freund Nein sagen kann, muss die Tochter auch selbst mit Absagen konfrontiert haben.
Also tue ich dem Kind einen Gefallen, wenn ich Nein sage?
Ja, vorausgesetzt, das Nein ist aufrichtig gemeint, authentisch.

Zum Neinsagen gehört dann natürlich auch, die Reaktion der Kinder auf das Nein auszuhalten. Die Kinder weinen dann vielleicht, hauen oder ziehen sich zurück. Mit Frustration umzugehen, sich selbst zu steuern, muss man lernen. Auch deshalb brauchen Kinder den Widerstand der Eltern.

Kinder können ziemlich Druck machen, Neinsagen ist anstrengend.
Ein Problem ist sicher auch, dass Eltern oft nicht mehr die Zeit und die Power haben, mit den Kindern Konflikte auszutragen. Eltern heute tragen ihren Überlebenskampf oft in der Arbeit aus. Dann kommen sie heim und sind angewiesen auf funktionierende Kinder.

Unsere Eltern hatten überhaupt kein Problem damit, uns abblitzen zu lassen. Was hat sich da geändert?
Zum einen ist das eine Wirtschaftsfrage. Einen Kühlschrank voller Eis gab's früher einfach nicht, die Kinder meiner Generation hatten oft noch Hunger, genug Essen war Luxus. Es war aber auch gesellschaftlicher Konsens, dass Kinder zu funktionieren und zu gehorchen hatten. Ein Nein war also kategorisch und nicht verhandelbar. Diese Kultur wollen wir heute nicht mehr. Wir entscheiden individuell, was wir in welcher Form erlauben. Das ist schön, macht das Leben aber komplizierter.

Seltsam ist ja: Ausgerechnet die Eltern, die selbst streng aufgewachsen sind, können am wenigsten gut Nein sagen.
Na klar: Wer sich als Kind immer an den Grenzen anderer orientieren musste, der konnte gar nicht herausfinden, was er selbst will. Der muss sich erst mal selbst finden.

Das Blöde ist ja das schlechte Gewissen, das einen plagt, wenn man ein Nein ausspricht.
Das kann man sich sparen. Nein sagt man besten Gewissens, wie gesagt: Es zeugt von Stärke und ist eine liebevolle Antwort, vielleicht die liebevollste von allen. Was nicht heißt, dass ich über mein Verhalten als Eltern nicht reflektiere. Und überlege: War das

Verbot wirklich passend? Ich kann ja auch mein Kind fragen: »Wie war das für dich?« Das ist doch toll!
Und dann sage ich morgen Ja, wozu ich heute Nein gesagt habe? Da kommen die Kinder doch völlig durcheinander.
Nein, warum. Ich zeige damit nur: Ich bin auch kein Heiliger, der göttliche Entscheidungen trifft. Wir sind doch keine determinierten Reiz-Reaktionswesen. Wir sind in der Lage, dazuzulernen. Manchmal ändern sich auch die Umstände.
Muss ich mein Nein begründen?
Überhaupt nicht. Es reicht der lapidare Satz: »Ich will das nicht«, »Es geht leider nicht«. Es ist auch wichtig für Eltern zu wissen, dass nicht immer alles wasserdicht sein muss, was sie fühlen oder sagen. Ich darf auch als Mutter oder Vater gern Komisches an mir haben oder Eigenheiten.
Wann geht das Neinsagen los? Schlage ich auch einem Säugling schon Wünsche ab?
Voraussetzung ist, dass ich gelernt habe, mein Baby zu spüren und zu verstehen. Dann gehört es zur guten Führung, dass ich nicht gleich beim ersten Quäken des Babys alle meine Pläne über den Haufen schmeiße.
Ein Beispiel?
Angenommen, Sie baden das Kind, es fängt an zu strampeln, Sie merken, es will raus. Sie sehen es an, Sie sagen ihm: »Ich verstehe, du magst nicht mehr. Ich wasch dir noch schnell die Füße, dann sind wir fertig.«
Und was ist, wenn der Vater zu einem Wunsch Ja sagt, die Mutter aber Nein?
Kein Problem, die Kinder kennen ihre Eltern. Sie kriegen damit zwei unterschiedliche Rollenmodelle für dasselbe Tun vorgelebt – ist doch gut. Wir Eltern müssen auch begreifen: Oft gibt es kein Richtig und Falsch, es gibt nur ein So und Anders.
Kann man Neinsagen üben?

Man kann es total lernen, und zwar, indem man es tut. Man kann das auch mit dem Partner in Rollenspielen üben. Sich rückmelden lassen: Wie hört sich mein Nein an? Ist es schon klar und deutlich – oder noch zu zögerlich?

Wie sagt man eigentlich Nein?

Eltern machen grundsätzlich eins falsch: Sie sagen Nein, schauen ihre Kinder mit großen Augen an und warten auf Zustimmung. Das Nein der Eltern kommt als Frage – was nicht gut gehen kann. Weil die Kinder dann nämlich sofort anfangen, zu verhandeln. Ein Nein ist eine Botschaft, die ich den Kindern schlicht mitteile, in freundlichem Ton, mit Augenkontakt. Dann widme ich mich wieder meinen Sachen, die Reaktion des Kindes aufs Nein nehme ich zur Kenntnis.

Dürfen auch Kinder Nein zu den Eltern sagen?

Na klar.

Und wie geht man damit um?

Man darf es jedenfalls auf keinen Fall persönlich nehmen! Letztens im Bekanntenkreis wollte der zehnjährige Sohn partout nicht mit der Familie in den Tierpark. Aber er musste mit. Hinterher hat er dann gesagt: »Ich muss doch auch mal sagen dürfen, wenn ich etwas nicht mag.« Das ist gelungene Beziehung!

Letzte Frage: Und wenn man nicht weiß, soll man Ja oder Nein sagen?

Dann sagt man: »Ich muss es mir noch überlegen, ich kann noch nicht antworten.« Das ist überhaupt eine gute Idee, um den Druck aus manchen Situationen zu nehmen.

31 Ich bin der Chef!

Wie übernehme ich die Führung in der Familie?

Gute Führung in der Familie – wie sieht die aus?
Führung in der Familie heißt für die Eltern vor allem auch, sich selbst zu führen. Einen Bezug zu mir zu haben. Nur wer sich selbst führen kann, kann auch andere führen.
Was meinen Sie mit: sich selbst zu führen?
Die Verantwortung dafür zu übernehmen, was ich fühle, denke, tue. Wenn mein Tun keine guten Folgen hat, muss ich bereit sein, mich zu ändern. Gute Beziehungen funktionieren nach dem Prinzip der Anziehung. Und nicht mit Druck. Gleichzeitig respektiere ich die anderen in dem, was und wie sie etwas tun.
Wo muss ich die Kinder führen, was kann ich laufen lassen?
Kinder wissen nicht, was sie brauchen, nur, worauf sie Lust haben, was sie wollen. Da müssen wir steuernd einwirken und ihnen Selbststeuerung beibringen.
Muss ich die Kinder in die Entscheidungen einbeziehen, die ich treffe?
Es ist wichtig, zu wissen, was die Kinder denken.
Aber ich muss dann ja nicht machen, was die Kinder wollen.
Nein, aber ich muss wissen, was sie denken, ehe ich meine Entscheidung treffe. Es geht nicht darum, nur populäre Entscheidungen zu treffen, mich beliebt zu machen. Im Gegenteil. Wer eine Familie führt, riskiert ständig, sich unbeliebt zu machen. Was nicht gleichbedeutend ist damit, die Liebe der Kinder zu verlieren. Im Gegenteil.

Darf ich mir für die Entscheidung Zeit lassen?
Ich muss mir Zeit lassen. Wir denken immer, wir müssen die richtige Antwort schon parat haben – warum eigentlich? Das ist gar nicht möglich. Man sagt: »Irgendwas gefällt mir an der Sache nicht, aber ich bin mir noch nicht sicher, was es ist. Ich brauche noch ein bisschen.« Fertig.
Eine Familie zu führen, heißt: einen Rahmen vorzugeben – und für dessen Einhaltung zu sorgen?
Einen Rahmen zu geben und die Einhaltung zu kontrollieren: Das ist wie Befehl und Gehorsam, ein altes Lied aus einer verschwindenden Zeit. Eltern sind Vorbilder, gute wie schlechte – wobei die Kinder von beidem lernen. Gute Führung in der Familie schafft Wertebildung und sorgt dafür, dass Menschen lebensfähig werden.
Auf welchen Werten soll die Führung in einer Familie beruhen?
Gleichwürdigkeit, Integrität, Authentizität, Verantwortung – was alles zusammen den Selbstwert der Kinder wie der Erwachsenen stärkt. Dazu eine gesunde Streitkultur: Dann kann nicht mehr viel schiefgehen.
Warum brauchen Kinder so dringend Führung durch Erwachsene?
Weil Kinder keine kleinen Erwachsenen sind. Sie brauchen Orientierung, sie selbst dürfen unvernünftig sein.
Woran liegt es, dass immer mehr Eltern ihre Führungsrolle nicht ausfüllen und sich der Lust der Kinder unterwerfen?
Eltern erhoffen sich, indem sie tun, was die Kinder wollen, mehr Harmonie. Was sie erreichen, ist das genaue Gegenteil: Kinder suchen vor allem nach einem klaren Gegenüber. Die Schwierigkeit, vor der die jetzige Elterngeneration steht, ist, Führung zu übernehmen innerhalb ihrer Familie in einer Form, die sie selbst nicht kennengelernt hat. Früher bedeutete Führung in der Familie, unter allen Umständen die Marschrichtung einfach durchzusetzen. Heute wünschen wir uns eine Führung, die den anderen, Schwächeren, nicht zum bloßen Befehlsempfänger degradiert.

Was passiert mit Kindern, die keine Führung erleben?
Die rutschen in ein Vakuum und versuchen, selbst zu führen. Aber Kinder haben kein Interesse an Macht, das geht immer schief. Diese Kinder werden sehr einsam, und für die Eltern wird das Familienleben bald zur Hölle. Weil die Kinder alles tun, um endlich ihre Eltern zu spüren – und also in ihrem Verhalten immer weiter gehen. Sie machen immer lauter auf sich aufmerksam.
Wie findet man heraus, welchem Anliegen der Kinder man am besten nachkommt, welchem nicht?
Die existenziellen Bedürfnisse müssen natürlich befriedigt werden. Das Eis am Nachmittag ist nicht existenziell. Wie wichtig das Übernachten beim Freund unter Umständen sein kann – dafür wiederum müssen die Eltern ein Gefühl entwickeln.
Wer führen will, braucht persönliche Autorität. Aber die hat nicht jeder.
Autorität bekommt man in dem Moment, in dem man man selbst ist. Jeder ist ein Unikat, und je besser ich mich selbst kennenlerne, desto mehr stehe ich zu mir, desto mehr werde ich wahrgenommen als Fels in der Brandung.
Kann man das trainieren?
Vielleicht sucht man sich Menschen oder Biografien, die einen ansprechen oder sogar stärken. Man fängt langsam damit an, seine Bedürfnisse ernst zu nehmen und bei sich selbst zu bleiben.
Sage ich auch meine Meinung zu Dingen, die mich eigentlich nichts angehen? Wenn der Sohn sein ganzes Taschengeld für Pokémon-Karten ausgeben will?
Ich sage: »Ich würde es anders machen, aber entscheiden musst du.«
Wenn er nach Wochen die Karten nicht mehr toll findet?
Dann erspare ich mir jeden Kommentar. Und es war gut investiertes Geld, weil er gelernt hat, dass zwischen Habenwollen und Besitzenkönnen ein großer Unterschied ist. Den Taschengeldvorschuss fürs nächste Projekt bewillige ich ihm eher nicht.

Zu einer guten Familienführung gehört, dass wir uns ernsthaft für die Kinder interessieren.

Das ist die Grundvoraussetzung: die tägliche Vergewisserung, wer das Kind ist. Im Wissen, dass unsere Grenzen, Interessen und Bedürfnisse ganz unterschiedlich sind!

Was sollte das Ziel elterlicher Führung in der Familie sein?

Dass die Kinder ihr persönliches und soziales Potenzial entfalten. Dass sie selbstständige, gesunde Menschen werden, die mit den Nackenschlägen zurechtkommen können, die das Leben für jeden bereithält. Und dass die Eltern eine Familie gestalten, in der alle gerne leben, in der man sich aufgehoben fühlt.

Brauchen Kinder Einsicht in jedes Detail?

Nein, überhaupt nicht. Letztlich sollten Kinder in der Lage sein, die elterlichen Entscheidungen zu akzeptieren. Eltern können oft deshalb nicht aufhören zu diskutieren, weil sie den Segen der Kinder für ihre Entscheidungen haben wollen. Man sollte aber den Mut haben, die Entscheidung auch ohne Zustimmung der Kinder zu treffen. Und ihnen dann die Enttäuschung über diese Entscheidung eben auch zumuten.

32 Ich will doch nur dein Bestes!

Wie kann ich erreichen, dass meine Kinder glücklich sind?

Ich will natürlich, dass meine Kinder eine glückliche Kindheit haben. Was kann ich dafür tun?
Am besten, ich sorge selbst für mein eigenes Glück. Kinder lernen ja am meisten über Vorbilder. Und das Glück ergibt sich nun mal im Leben.
Wie weit bin ich denn verantwortlich fürs Glück meiner Kinder?
Das kommt ja aufs Alter der Kinder an, aber ich muss hier schon einmal warnen: Wir können nicht wissen, was den anderen letztlich glücklich macht, das ist eine unerlaubte Einmischung in sein Leben. Beim Baby ist es natürlich etwas anderes, wir sorgen anfangs komplett für sein Wohlergehen. Aber ob unser Sorgen, das Füttern, Wickeln, der Körperkontakt, letztlich dazu führen, dass das Kind rundum zufrieden ist, das steht nicht in unserer Macht.
Wie sieht's bei älteren Kindern aus?
Denen bringen wir zunehmend bei, sich selbst um ihr Glück zu kümmern.
Kommen Babys eigentlich glücklich zur Welt?
Sie kommen aus einer Welt, in der Glück und Unglück keine Bedeutung hatten. Wenn ihre Bedürfnisse erfüllt werden, ist das vielleicht die Basis für Babyglück.
Faktoren für Glück in der Kindheit – welche könnten das sein?
Eine Familie, in der die Beziehungen funktionieren. Das Wissen, dass ich in meinem So-Sein dazugehöre. Und, vorher noch: dass ich in meinem So-Sein überhaupt wahrgenommen werde.

Mehr muss man nicht tun fürs Glück der Kinder?
Das ist viel genug. Weil es heißt, erst einmal bei mir anzufangen, mich selbst mit meinen Erwartungen, Wünschen kennenzulernen. Und mit denen nicht mehr meine Kinder zu überfrachten. Stattdessen vertraue ich darauf, dass das Kind das ist, was es ist, und sich schon entwickeln wird.
Ich muss auch damit rechnen, dass es sich anders entwickelt, als ich mir das gedacht habe.
Genau, ich lasse mich vorurteilsfrei auf den anderen ein.
Darf ich ihn noch kritisieren – oder zerstöre ich dann schon sein Glück?
Natürlich dürfen Sie kritisieren, aber man trennt immer Verhalten und Person. Was ich kritisiere, ist das Verhalten, nie die Person. Also: »Du bist mein Sohn, und ich liebe dich, aber ich kann es nicht leiden, wenn du den Schulranzen im Gang liegen lässt!«.
Wenn der andere anders sein darf in der Familie, das heißt auch: Jeder ist ein bisschen allein.
Das ist die existenzielle Erkenntnis, um die wir uns gern herumdrücken. Was die wesentlichen Dinge des Lebens betrifft: Da bin ich alleine.
Das Mädchen Tjorven aus dem Lindgren-Buch »Ferien auf Saltkrokan« ist ein Kind, das man sich glücklich vorstellt. Sie strotzt vor Selbstbewusstsein, Astrid Lindgren schreibt, sie ist gesegnet mit dieser »ewigen kindlichen Sicherheit«. Den ganzen Tag ist sie mit ihrem Bernhardiner Bootsmann allein auf der Insel unterwegs.
Klingt gut, wobei ich immer davor warne, Bullerbü als Maßstab zu nehmen. Wir leben heute in einer anderen Zeit, und wahrscheinlich geht es der Mehrheit der Kinder besser als damals. Was mich aber anspricht, ist zweierlei: Offenbar hat Tjorven schon in hohem Maß gelernt, für sich zu sorgen. Und sie hat genug erwachsenenfreien Raum, um zu sich selbst zu finden. Dieser Freiraum geht Kindern heute oftmals ab.

Weil Eltern sie überbehüten und überfordern.
Dahin geht die Tendenz oftmals. Aber die Nabelschnur ist nun mal kein Lasso! Wenn man die Kinder lässt, ist man frei voneinander – und füreinander.
Muss man sorgen für schöne Erlebnisse in der Kindheit? Für Hüttenübernachtungen, Fernreisen, ein Baumhaus – solche Sachen?
Das halte ich für Quatsch, das sind Luxusfragen, die wir uns in unserem Behütungswahn stellen. Wichtiger als jede Unternehmung ist sowieso der Prozess, über den sie zustande kommt.
Wie meinen Sie das? Wichtiger als die Klettertour ist die Ankündigung, dass die Klettertour unternommen wird?
Also, wenn die Eltern schon von vornherein mit dem Widerstand der Kinder rechnen und dann entsprechend genervt sind, wenn der auch artikuliert wird – dann ist das kein guter Einstieg.
Sie meinen also: Es ist egal, was man macht – Hauptsache, die Eltern sind da?
Wir haben heute den Anspruch, immer gleich Qualitätszeit mit den Kindern zu verbringen. Dabei reicht es völlig, wenn die Lego spielen und wir lesen Zeitung. Absichtslose Zeit miteinander: Das ist etwas sehr Wertvolles. Die Kinder kommen schon, wenn sie was brauchen.
Darf ein Kind eigentlich unglücklich sein wegen eines Lutschers, den es nicht bekommt?
Natürlich, und es ist wahrscheinlich, dass es unglücklich ist. Weil für das Kind der Lutscher eine Weile das Wichtigste der Welt scheint.
Aber die Eltern können ihm dieses Unglück zumuten?
Sie müssen ihm das Unglück zumuten – und dann auch die Trauer des Kindes aushalten.
Die Analytikerin Alice Miller sagt, jedes Kind sei zwangsläufig Projektionsfläche für die Ängste und Wünsche der Eltern. Aber Projektionen machen meist unglücklich.

Ich glaube, das Leben ist viel größer als die Projektionen der Eltern. Und es muss ja auch nicht gleich von Schaden sein, wenn die Eltern finden: Unser Sohn gäbe so einen guten Juristen ab! Das Leben geht nach der Kindheit weiter, Gott sei Dank. Ich mag diese Haltung der Aussichtslosigkeit nicht besonders.

Gibt es Erwachsene ohne Altlasten aus der Kindheit?

Glaube ich nicht. Alle tragen wir unsere Narben mit uns herum, aber eben auch Schatzkisten voller guter Erfahrungen. Damit leben wir. Und manchmal entpuppt sich eine Narbe als Kraftquell fürs spätere Leben.

Was sind Faktoren von Unglück im Leben eines Kindes?

Ausgeschlossen zu werden, und auch: nicht helfen zu können. Etwa, wenn die Eltern sich trennen.

Warum neigen wir dazu, unsere eigene Kindheit zu verklären? Im Nachhinein war alles immer wenigstens lustig.

Das hat Gott uns geschenkt, die Fähigkeit, Grausames milder zu sehen in der Rückschau.

Und dann wiederholt man diese Grausamkeiten am eigenen Kind. Da wird Verdrängen zum Fluch.

Ja, wir wiederholen Dinge oder Verhaltensmuster, mit denen wir uns nicht beschäftigt haben.

Glauben Sie, unglückliche Eltern könnten auch neidisch sein auf ihre glücklicher aufwachsenden Kinder?

Das glaube ich nicht.

Gibt es sie denn dann überhaupt: die glückliche Kindheit?

Jede Kindheit hat glückliche und unglückliche Aspekte, aber natürlich gibt es Kindheiten, bei denen die glücklichen Aspekte überwiegen.

Und was ist Glück für Sie?

Glück ist für mich immer Beziehung. Aber manchmal ist Glück auch ganz klein – und für jeden greifbar. Zum Beispiel ist es ein Glück, dass heute die Sonne scheint.

33 Ich will ein Handy!

Wie geht man mit den vielen Wünschen der Kinder um?

Man nimmt vor Weihnachten den Wunschzettel in Empfang – und Schweiß bricht einem aus. Die Liste ist lang!
Ja, mag sein. Aber die Liste ist ja kein Einkaufszettel, den man abarbeiten muss. Ist doch erst mal interessant zu erfahren, was die Kinder sich so wünschen.
Und wenn sie sich das Unmögliche wünschen – den eigenen Computer fürs Kinderzimmer, die Playstation?
Dann wünschen sie sich das eben! Man darf sich alles wünschen, tun wir doch auch. Jetzt ist es an Ihnen als Eltern, zu überlegen: Was will und kann ich erfüllen?
Wär's nicht gut, die Liste mit dem Kind durchzugehen – nach dem Motto: »Das-und-das brauchst du doch gar nicht, da haben wir doch ..., wünsch dir doch lieber dies und jenes«.
Nein. Damit verleiten Sie das Kind nur, sich anzupassen, oder wie ich eher sage: sich falsch zu machen. Sie müssen die Wünsche des Kindes aushalten – und auch die Gefühle, die Ihnen diese Wünsche machen.
Thema ist ja meist das elektronische Equipment. Man will nicht, dass der Sohn nonstop am iPod klebt. Jetzt soll man ihm den auch noch schenken?
Kinder müssen lernen, mit diesen Dingen umzugehen – das ist nun mal ihre Welt. Ab einem gewissen Alter ist es wirklich sinnvoll, dass sie auch ein Handy, einen iPod haben. Was, ich wiederhole mich, nicht heißt, dass Sie Ihrem Sohn das schenken müssen.

Na ja, wie soll er sonst an den iPod kommen?
Er könnte dafür arbeiten oder sich zum Geburtstag und zu Weihnachten Geld wünschen. Sie können aber auch sagen: »Hör mal, ich finde, für einen iPod bist du noch zu jung. Ich werde dir heuer noch keinen schenken.« Kinder müssen auch mal die Erfahrung machen, dass sie etwas nicht bekommen. Das ist im Leben später doch ebenso.
Ich kündige also an, dass der Herzenswunsch nicht erfüllt werden wird?
Das fände ich fair. Sonst liegt unterm Christbaum vor allem eins: die große Enttäuschung.
Dann kommt das Argument: Alle anderen haben schon einen iPod.
Das würde mir nicht reichen: Was die anderen machen, ist für mich nicht so wichtig. Eltern müssen den Mut haben, ihren Kindern Enttäuschungen zuzumuten. Am Geschenk sollen sich der Beschenkte und der Schenkende gleichermaßen freuen. Da muss ich abwägen.
Wenn ich dem Kind den iPod schenke – soll ich dann schon im Vorfeld aushandeln, wie der zu benutzen ist?
Ja, unbedingt. Und dann schauen Sie nach Weihnachten darauf, dass die vereinbarten Regeln auch eingehalten werden. Kinder brauchen im Zusammenhang mit Medien eine klare Führung der Erwachsenen.
Angenommen, der Zwölfjährige wünscht sich einen iPod. Aber er braucht ein Fahrrad. Was würden Sie schenken?
Kommt drauf an. Unter Umständen das Fahrrad. Vielleicht würde ich mir auch erklären lassen, warum der iPod so dringend sein muss. Dann könnte man überlegen, ein gebrauchtes Rad zu kaufen und Geld zu schenken – als Anzahlung quasi für einen iPod.
Müssen Geschwister immer gleich viel kriegen?
Man sollte sehen, dass es sich ungefähr die Waage hält. Aber Kinder sollten schon auch verstehen, dass Geschenke nicht mit Liebe

gleichzusetzen sind. Nichts kann die freundliche Zuwendung eines Erwachsenen ersetzen.

Sie scheinen nicht so viel zu halten von Geschenkebergen.

Ich finde, beim Schenken ist weniger einfach mehr. Ich betrachte es als ein Zeichen des Interesses seitens der Eltern, wenn ihre Kinder nicht alles kriegen. Das Wertvollste, was wir unseren Kindern schenken können, ist Zeit.

Wenn wir schon beim Thema Weihnachten sind: Was kann eine Familie tun, damit die Feiertage gelingen?

Wenn Weihnachten 2014 mit Tante Guste schön werden soll, muss ich ab Januar 2014 etwas dafür getan haben. Ich kann nicht erwarten, dass ich mit jemandem, zu dem ich kaum eine Beziehung habe, plötzlich entspannt am Tisch sitze. Dasselbe gilt für die Familie intern.

Muss ich die Kinder in die Planungen miteinbeziehen?

Ja, klar. Man sagt ihnen, was angedacht ist – zu Oma und Opa zu fahren, spazieren zu gehen, was immer. Dann fragt man nach ihren Ideen. Und dann entscheidet man.

Darf man auch von den Kindern Geschenke erwarten?

Na ja, man kann sich von ihnen was wünschen. Zum Beispiel etwas Selbstgebasteltes.

Das dürfte der Wunsch sein, den viele Kinder am wenigsten gern hören.

Auch damit werden sie zurechtkommen.

34 Bald bist du ein großer Bruder!

Wie bereite ich mein Kind darauf vor, dass wir Zuwachs bekommen?

Wie bereitet man sein Kind darauf vor, dass es bald ein Geschwisterchen bekommt?
Die wichtigste Erkenntnis ist ja: Wenn ein zweites Kind dazukommt, gibt es weniger Zeit für alle. Es ist ein Verzicht, den alle aushalten müssen. Wenn einem das klar ist als Vater, kann man einen wichtigen Beitrag fürs Familienleben leisten. Man setzt sich mit dem Erstgeborenen zusammen und leistet eine Art Trauerarbeit.
Wie soll die aussehen?
Man sagt dem Kind, dass nun eine Zeit vorbeigeht, die zu dritt, in der das Kind das einzige war, um das sich viel gedreht hat. Dass nun ein Baby dazukommt und wahrscheinlich alle weniger Zeit füreinander haben werden. Dass sich vor allem die Mutter um den Säugling kümmern wird, dass alle zusammenhelfen, um die Situation gut zu schaffen.
Die Mutter könnte sowas ihrem Großen auch sagen.
Nein, nicht so gut, die Mutter ist in Liebe und Zuwendung zu den Kindern weggespült. Sie ist ja ohnehin die, die versucht, alles zu geben. Und es sind ja vor allem der Mann und das ältere Kind, die mit dem neuen Baby einen Verlust erleiden: Sie müssen die Mutter/die Frau mit einem neuen Wesen teilen.
Was erreicht man mit einem solchen Gespräch?
Man ist, wenn man sich darauf einstellt und auch die anderen darauf vorbereitet, nicht mehr im gleichen Maß Getriebener der Situation.

Dann ist das Baby da – und trotzdem kommen alle ziemlich aus dem Gleis. Soll man mit dem Großen noch einmal darüber reden?
Auch jetzt ist es sehr wohltuend, wenn sich der Vater mit dem großen Kind mal zusammensetzt. Und es fragt, wie es denn nun sein Geschwisterchen findet. Bei der Gelegenheit kann man dann einfließen lassen, wie es einem selbst geht. Dass man sich zwar sehr freut über das neue Familienmitglied. Dass man aber auch erschöpft ist, weil das Baby manchmal ganz schön anstrengend ist. Dann ist das Kind mit seinen ambivalenten Gefühlen nicht allein, das ist eine große Entlastung.
Soll man dem Großen gegenüber nicht auch die Vorteile eines Geschwisterchens aufzählen? Ihm die Sache sozusagen schmackhaft machen?
Nein, das wäre ja dann eine Art Verkaufsgespräch. Natürlich kann man auch mal sagen: »Kann gut sein, dass es später, wenn das Baby kein Baby mehr ist, auch mal schön wird für euch.« Ich finde, das langt dann schon wieder.
Zu klagen darüber, dass das neue Baby, das alle nur süß finden, auch eine Last sein kann, ist eher ungewöhnlich. Und vielleicht auch ein bisschen heuchlerisch? Die Erwachsenen finden das Baby doch super.
Heuchlerisch ist das, glaube ich, nicht. Der Alltag mit einem Neugeborenen ist einfach anstrengend. Aber wir sind es nicht gewohnt, sowas auszusprechen. Wir sollten damit endlich anfangen! Für die eigenen Kinder, die schon größer sind, ist das eine große Entlastung. Sie wissen jetzt: Sie sind nicht falsch, weil sie ähnliche Gefühle haben.
Weg ist deren Wut auf das Baby damit natürlich noch nicht.
Nein, aber der Druck wird gar nicht erst so hoch. Oder er kann jetzt abnehmen.
Man weist also auch nicht extra darauf hin, wie süß das Kleine gerade schaut, was es für lustige Grimassen und Bewegungen macht?

Das würde ich nicht machen, es wäre ja der Versuch, dem Kind sozusagen etwas schönzureden, was für das Kind längst nicht nur schön ist. Sondern erst mal gravierende Nachteile mit sich bringt. So etwas führt nur zu authentischen Reaktionen.
Nämlich?
Dass das Baby im Vorbeigehen schnell mal gezwickt wird.
An die Vernunft des großen Kindes appelliert man demnach auch nicht?
Das macht es dem Kind nur doppelt schwer, sich an seine neue Rolle als große Schwester/großer Bruder zu gewöhnen. Viel wichtiger ist es, ihm zu signalisieren: Man darf von dem kleinen Wesen in der Wiege durchaus auch mal genervt sein.
Und wenn das Kleine dann mal gezwickt wird?
Das muss man dann auch nehmen, wie es kommt. Man muss einfach erkennen, dass das Kind seine Frustration zum Ausdruck bringt – und die wird immer mal aufkommen.
Aber man sagt doch dann was?
Ja, man sagt: »Das hat dem Baby wehgetan, und das will ich nicht.« Was das ältere Kind jetzt braucht, ist viel Zeit zu zweit mit einem der Eltern.
Soll man die ältere Schwester/den älteren Bruder in die Pflege des Kleinen einbinden?
Ich glaube, man wartet besser, bis die Kinder von sich aus kommen. Und die kommen ja. Die füttern ja viel lieber das echte Baby als nur die Puppe.
Ist das zweite Kind aufs dritte auch so eifersüchtig wie das erste auf das zweite?
Nein, jetzt wissen alle ja schon, was auf sie zukommt.
Aber das zweite weiß noch nicht, wie es ist, wenn ein Baby kommt.
Aber es wird mitgenommen von der entspannteren Stimmung zu Hause. Das Ganze ist ein Wiederholungserlebnis, das nicht mehr so dramatisch verläuft.

35 Bitte vertragt euch!

Muss man sich immer einmischen, wenn die Kinder sich streiten?

Geschwister streiten oft schlimm – im Schnitt dreieinhalbmal pro Stunde, haben amerikanische Forscher herausgefunden. Kann man das verhindern?
Nein. Ich hab alles getan, was ich konnte als Eltern: Ich hab die Familie gegründet. Jetzt kann ich sie nur noch genießen. Die sicherste Methode, um zu erreichen, dass Geschwister sich nicht gut vertragen, ist, auf Biegen und Brechen erreichen zu wollen, dass sie sich vertragen. Die Beziehung der Kinder untereinander in einer Familie entwickelt sich von selbst.
Eltern finden, dass Geschwister zusammenhalten sollen.
Ich halte es aber auch für eine Qualität innerhalb einer Familie, wenn es erlaubt ist, dass zwei sich nicht besonders mögen. Das kann sich außerdem ja jederzeit ändern. Es ist gut, wenn man sich mit dem verbündet, was passiert ist. So ist es gewesen. Und jeder entwickelt sich jeden Tag weiter. Ich vertraue da ganz dem Leben.
Aber man kann den Zusammenhalt innerhalb der Familie doch stärken. Indem man gemeinsam schöne Sachen unternimmt, indem man vor allem jedem seinen Platz einräumt. Und jeder da sein darf mit seinen Stärken und Schwächen.
Dass jeder seinen Platz hat, ist das Wichtigste. Und sonst kann man ja mal sagen: »Es wäre echt schön, wenn ihr euch mögen würdet.« Wenn man Geschwister zusammen erlebt, hat man oft das Gefühl, gleich schlagen sie sich die Köpfe ein. Aber sie sind eher

wie »brothers in arms«, wie Waffenbrüder. In der Not halten sie doch zusammen, das ist gut zu wissen.
Soll man sich bei Streitereien unter Geschwistern einmischen?
Ich finde, nicht. Man hält ein Pflaster bereit, das reicht.
Aber man könnte vermitteln.
Das sollte man dann tun, wenn zum Beispiel der Große beim Spielen vom rumkrabbelnden Baby gestört wird. Dann nimmt man das Baby mal zu sich.
Meistens gibt es dabei ja Tränen, und alles ist viel schlimmer, als es hier jetzt klingt.
Das Wichtigste bei der Sache ist, keinen der beiden schuldig zu machen für das, was passiert ist. Man beschreibt nur noch mal, was losgewesen ist. »Ja, ich habe gesehen, dein Turm ist umgefallen. Und du bist angeschrien worden, habe ich auch gehört. Blöd!« Auch wenn Sie klar gesehen haben, wer in einer Situation angefangen hat zu streiten: Vor dieser Situation gab es immer eine andere, in der es vielleicht andersherum gewesen ist. Man sollte nicht eine Momentaufnahme zum Anlass nehmen, um eins der Kinder zu disziplinieren.
Man kann aber doch auch nicht zusehen, wie sich seine Kinder gegenseitig die Augen auskratzen?
Unter Geschwistern kommt auch eine Gruppendynamik ans Licht, die möglicherweise mit der Gesamtfamilie zu tun hat. Ansonsten muss man wohl einfach akzeptieren: Geschwister sind untereinander einfach manchmal furchtbar. Es ist nicht schön, aber man sollte ihnen daraus keinen Strick drehen. Eher sagt man mal zu ihnen: »Ich hab Angst, dass ihr kaputtgeht bei euren Streitereien, aber ich will nicht, dass eins meiner Kinder kaputtgeht.«
Kann man vom Älteren verlangen, dass er den Kleinen mitspielen lässt?
Nein, warum. Jedes Kind darf selbst entscheiden, mit wem es wann spielen will. Wenn es allerdings so ist, dass ich als Mutter ge-

rade meine Ruhe brauche, sollte ich das auch offenlegen: »Ich will eine halbe Stunde für mich, darf der Kleine bei dir mitmachen in der Zeit?« Kinder kooperieren lieber, wenn man ihnen nichts vormacht.

Man projiziert viel in seine Kinder hinein. Wie kann man das vermeiden?

Das dürfte schwierig werden. Wichtig ist, einfach mal anzuerkennen, was ist. Meine Tochter erinnert mich an meine Mutter, sie ist mir dadurch besonders nah. Dann geht es darum, für sich eine Wahl zu schaffen, wie man mit den Kindern umgehen will. Nur weil mein Sohn dem ungeliebten Bruder ähnlich sieht, darf ich ihn nicht schlechter behandeln. Darüber sollte ich hinwegkommen als Eltern.

Das Beste wäre ohnehin, man befreit sich von allen Vorgaben und geht völlig unvoreingenommen in jede neue Situation.

Das wäre sehr klug, und allein durch diese Erkenntnis verändert sich schon mein Verhalten. Ich bin mir absolut sicher, dass die Zukunft nicht feststeht. Und ich kann diese Zukunft mitgestalten, indem ich im Moment ein Bewusstsein für Möglichkeiten und Unmöglichkeiten schaffe. Worum es geht, ist immer der Prozess, die Weiterentwicklung.

Wie prägend sind eigentlich Geschwisterbeziehungen fürs Leben?

Sehr prägend. Oft ist man mit den Geschwistern länger verbunden als mit den Eltern. Und es ist schwer, später eine Rolle abzulegen, die man innerhalb der Geschwisterkonstellation hatte.

Ist eigentlich die Beziehung der Eltern für die Kinder Vorbild für ihre Geschwisterbeziehung?

Ich habe öfters erlebt: Gehen die Eltern gut miteinander um, können die Kinder dem leicht folgen. Ein guter Ton zu Hause macht Eindruck auf Kinder und schafft eine Identität: »So ist es bei uns, so machen wir das.«

Ist es möglich und erstrebenswert, seine Kinder alle gleich zu behandeln?

Das ist nicht möglich – und deshalb auch nicht erstrebenswert, weil ja auch die Kinder verschiedene Bedürfnisse haben. Generell sollte man natürlich versuchen, sich in Richtung Ausgewogenheit zu bewegen. Aber man muss sich auf jeden Fall die Freiheit zugestehen, mal so, mal so zu entscheiden. Sonst wird man verrückt.

36 Wo fahren wir im Sommer hin?

Wie gelingt unser Urlaub?

Wenn man Urlaub mit älteren Kindern plant, geht das meist nicht ohne Diskussionen ab.
Das ist auch gut so. Keine Diskussionen gibt es nur, solange das Kind im Mutterleib ist. Wenn Kinder anfangen, mit ihren Eltern über den Urlaub zu diskutieren, ist das ein Zeichen ihrer Selbstständigkeit. Die Eltern müssen sich klarwerden darüber, wie lang sie die Haltung: »Wer zahlt, schafft an« noch durchziehen wollen.
Wie weit muss man die Wünsche der Kinder berücksichtigen?
Man hört sie auf jeden Fall zu 100 Prozent an. Aber man muss dann nicht zu 100 Prozent danach handeln.
Das heißt genau?
Wenn man weiß, wo die Bedürfnisse aller Beteiligten liegen, überlegt man, ob es möglich ist, einen Urlaubsort zu finden, der den meisten dieser Bedürfnisse gerecht wird.
In den meisten Fällen wird es so sein, dass die Vorschläge der Kinder nicht gerade den Idealvorstellungen der Eltern entsprechen. Kinder wollen in die Südsee, nach New York – jedenfalls die, die ich kenne.
Wir gehen immer davon aus, dass es einen Dissens gibt. Aber es könnte doch ebenso sein, dass alle sich am Meer wohlfühlen – dann macht man das eben 15 Jahre lang, warum nicht? Außerdem können sich Urlaubsvorlieben auch ändern. Plötzlich wandern die Kinder doch ganz gern! Kann alles passieren.
Den Kindern schwebt oft ein Luxus im Urlaub vor, den sie aus der Werbung kennen.
Diese Träume fern der Realität, die unerfüllten Wünsche in uns:

die finde ich ganz arg schön und wichtig. Weil sie eine Resonanz in uns auslösen, eine Sehnsucht, der man gern nachhängt.
Aber das Blöde ist ja, man kann den Jugendlichen diese Wünsche nicht erfüllen.
Darum geht es eigentlich auch nicht. Und: Sie wären dann mit Sicherheit auch enttäuscht von der Lebensrealität vor Ort. Werbung hat ja nichts mit der Wirklichkeit zu tun. Wir können unseren Kindern nur sagen: »Leider können wir euch diesen Urlaub nicht bieten.«
Sollen wir ihnen auch die Illusionen zerstören?
Es ist schon wichtig zu sagen, dass Werbefernsehen mit der Realität einfach nichts zu tun hat. Auf das echte Leben hinzuweisen, ist ein Riesenjob der Eltern.
Ins Museum gehen Kinder sowieso nicht gern.
Ja, da muss man dann eine Lösung finden. Vielleicht teilt man sich auf, vielleicht können die Kinder während der Zeit auch im Hotel bleiben. Aber man kann ihnen durchaus auch mal einen Museumsbesuch zumuten.
Es wäre schon verrückt, in Paris den Louvre nicht zu besuchen, nur weil die Kinder keine Lust auf Museum haben.
Man sollte den Kindern unbedingt die Erfahrung zumuten, was der Louvre ist. Und: Man muss ja auch erst mal in einem Museum gewesen sein, um sagen zu können, dass man keine Museen mag. Allerdings muss ich es dann aushalten, wenn die Kinder vor der Mona Lisa nicht vor Ehrfurcht erstarren. Im Hinterkopf sollte man auch haben, dass der in Museen übliche Schlenderschritt einfach nichts für Kinder ist.
Lockt man die Kinder, indem man für den nächsten Tag einen Strandtag verspricht?
Eigentlich mag ich diese Art von Geschäften innerhalb der Familie nicht. Es müsste selbstverständlich sein im Familienurlaub, dass das Programm nicht auf Kosten eines Beteiligten geht. Gleichwür-

digkeit bedeutet für mich schon, dass man nach dem Louvre auch realisiert, was den Kindern gefällt.
Und wie ist die Regelung: Jeder darf einen Tag im Urlaub bestimmen, was gemacht wird? Dann kämen alle auf ihre Kosten.
Das wäre eine gute Idee, wenn man anders auf keinen grünen Zweig kommt. Damit wird verhindert, dass Eltern, die nicht gern am Strand liegen, den Urlaub genau dort verbringen, nur weil die Kinder so gern im Sand spielen. Und andererseits kommen dann auch die Kleineren zu ihrem Recht.
Man hat nur drei, vier Wochen Urlaub im Jahr. Wir wünschen uns, dass der schön wird!
Und meistens klappt es dann nicht! Das ist eine Überforderung ans Leben, wie an Weihnachten. Wenn ich übers Jahr dafür gesorgt habe, dass mein Leben mir Freude macht, möglichst jeden Tag, dann wird es mir auch im Urlaub gefallen. Dann ist es eine tolle Bereicherung, plötzlich in Rom im Kolosseum zu stehen. Oder in einer Ausgrabungsstätte in Griechenland.
Wie kommt man jetzt also in der Familie auf einen Nenner, was den Urlaub angeht?
Da antworte ich mit einer Gegenfrage: Muss man denn unbedingt auf einen Nenner kommen? Wenn die Kinder 13, 14 sind, kann man die Urlaubsdiskussion durchaus mal so eröffnen: »Vielleicht ist dieses Jahr schon das letzte, in dem wir zusammen Urlaub machen. Wollt ihr überhaupt noch mitfahren? Wie sollen wir es machen?« Dann wird verhandelt. Ich finde wichtig, dass man von dem Dogma wegkommt, unbedingt einen Konsens finden zu müssen.
Na ja, aber es ist doch auch schade, wenn man die Wochen im Jahr, in denen man endlich Zeit hätte füreinander, dann getrennt verbringt.
Die Idee, man könnte jetzt endlich mal gemeinsam was erleben, ist ja auch schön. Aber meistens schlägt doch sowieso das normale

Leben durch, auch im Urlaub. Der eine kriegt Bauchweh, der andere tritt in einen Seeigel. Mir ist so wichtig, bei dem Thema zu transportieren, dass es keine Idealform von Urlaub gibt, die für alle gültig ist. Dass man ruhig auch mal in verschiedene Richtungen überlegen kann. Und es ist ja auch das Ziel von Erziehung, dass Jugendliche ihre eigenen Wünsche und Vorstellungen erkennen und formulieren. Da ist die Urlaubsplanung ein gutes Übungsfeld.

Man streicht ungern die Bilder vom harmonischen Miteinander aus seinem Kopf.
Das ist auch genau der Grund dafür, warum so viele Menschen gestresst zurückkommen aus ihrem Urlaub. Weil vieles, was sie sich gewünscht hatten, nämlich einfach nicht machbar war.

Wie geht man damit um, wenn Jugendliche den Ausflug im Urlaub nicht mitmachen wollen – und lieber im Hotel bleiben?
»Schade« kann man dann sagen, »dann bleibst du eben hier«. Wir sollten uns viel mehr mit dem Schicksal verbünden und so etwas als gegeben hinnehmen. Muten wir doch ruhig dem Kind seine Entscheidung zu, was wäre denn auch die Alternative? Es zu zwingen? Das geht doch nicht mehr. Mag sein, dass es sich allein im Hotel dann langweilt. Vielleicht kommt es daraufhin beim nächsten Ausflug wieder mit.

Eltern denken, jetzt sind wir schon mal hier, jetzt wollen wir uns vor Ort auch umsehen! Reisen bildet doch auch. Es ist Verschwendung, die Zeit im Hotel abzusitzen.
Sie können nicht beurteilen, was für Ihr Kind verschwendete Zeit ist. Wir sollten, wenn die Kinder älter sind, zu der Haltung kommen: Was denkst du, was für dich richtig ist? Es ist ein Charakteristikum von Familie, dass alle unterschiedlich sind. Was wäre denn gewonnen, wenn unsere Kinder widerwillig hinter uns hertrotten bei einem Ausflug, der sie nicht interessiert?

Kann man überhaupt etwas dafür tun, dass der Urlaub gelingt?

Wir als Erwachsene sollten uns darüber im Klaren sein, welcher Urlaub zu uns passt und uns auch finanziell möglich ist. Es ist wichtig, dass wir zum Ausdruck bringen, was wir uns wünschen. Dass wir heuer unbedingt drei Wochen Ruhe brauchen. Sich das zu erlauben in der Vorbereitung: Das ist die halbe Miete.
Manche Eltern machen immer spektakulärere Urlaube – damit die Kinder noch mitfahren. Safaris in Südafrika, eine Woche New York.
Wenn das Geld da ist und das der Traum der Familie ist, warum nicht. Wenn es allerdings ein Köder sein soll, um die Illusion einer heilen Familie zu pflegen: Dann würde ich den lieber nicht auswerfen. Da ist das Enttäuschungspotenzial einfach zu groß. Und das Ziel der heilen Familie sollte man sowieso aufgeben.
Es ist ein bisschen bitter, wenn man selbst gerne reist, am liebsten mit dem Rucksack – und die Kinder sind am liebsten im Hotel mit Pool und Halbpension.
Dann sollte man seinen Traum vom Reisen eben allein verwirklichen. Sobald die Kinder 14, 15 Jahre alt sind, kommen sie doch auch mal ohne Mama eine Weile zurecht. Schon kann es losgehen! Man sollte die Visionen, die man hat im Leben, auch umzusetzen versuchen.

37 Ich tu alles für dich!

Wie schaffen wir es, die Kinder nicht zu sehr zu verwöhnen?

Wir wollen das Beste für unsere Kinder, wir tun alles für sie.
Ja, aber das Beste ist sicher nicht, alles für sie zu tun! Dabei kommen in der Regel wir selbst zu kurz. Wer andere auf gute Art verwöhnen will, muss erst einmal gut für sich selbst sorgen. Sonst werden Eltern schnell zu Servicepersonal.
Vielleicht verwöhnen wir die Kinder einfach, weil wir sie lieben?
Das ist falsch verstandene Liebe. Beim Verwöhnen steckt meist ein ganz normaler Handel dahinter. Die Erwachsenen opfern den Kindern – zum Beispiel – die Berufstätigkeit oder auch Hobbys. Im Gegenzug erwarten sie dafür, dass die anderen das Opfer wertschätzen, indem sie sich dann nach ihnen richten. Dass die Kinder folgen. Keinen Ärger machen. Aber das kann nur schiefgehen.
Die Geschäftsbedingungen wären da also: Ich geb dir alles, dafür machst du, was ich will?
So ungefähr. Damit mache ich mich aber abhängig vom Glück des Kindes. Das Kind soll mir dankbar sein! So funktioniert das Leben nicht.
Wahre Liebe stellt keine Bedingungen.
Und diese Liebe zu leben, ist schwer. Dazu gehört eben, dass ich vom anderen nehme, was gerade von ihm kommt. An den seltensten Tagen stehen die Kinder mit einem Strauß Blumen für uns in der Tür. Eher knallen sie diese Tür vor unserer Nase zu.
Dann denkt man schon auch mal: Und das ist jetzt der Dank für all den Einsatz, den man geleistet hat.

Wenn man sich bei dem Gedanken ertappt, sollte man sofort ein Beauty-Wochenende buchen. Wer so denkt, ist ja völlig passiv. Aber man hat sein Leben doch selbst in der Hand!
Es ist heute schwer, Kinder nicht zu verwöhnen. Es gibt alles, man kann es leicht kaufen.
Man muss sie mit dem Richtigen verwöhnen. Mit Zeit und Zuwendung. Alles andere ergibt sich. Wir wollen heute unseren Mangel an Zuwendung und Zeit mit Geld und Geschenken kompensieren: Das ist gekaufte Liebe, eine billige Form der Zuwendung.
Man will es eben so gut wie möglich machen.
Es tut den Kindern nicht gut, wenn die genervte Mutter abends völlig platt ist und sich gar nicht mehr an ihren Kindern freuen kann. Weil sie alles perfekt machen wollte. Es schadet den Kindern gar nicht, wenn tagsüber mal zwei bis drei Stunden jemand anders für sie sorgt.
Nein zu sagen, ist auch nicht so leicht.
Wenn wir zu den Kindern nicht mehr Nein sagen, wollen wir uns bei ihnen beliebt machen. Aber das ist nicht der richtige Weg. Der richtige Weg ist, Respekt zu haben vor sich und den anderen. Sich innerlich vor den anderen zu verneigen. Dann kann man auch Nein sagen zu ihnen.
Es gibt immer Kinder, die haben und kriegen noch mehr.
Was die anderen tun, ist für mich eigentlich kein Maßstab. Es ist müßig und bringt gar nichts, sich zu vergleichen. Und es ist sehr wichtig, unseren Kindern zu vermitteln, dass man nicht jeder Mode nachhüpfen muss, um ein wertvoller Mensch zu sein.
Oft stehen wir unseren Kindern prompt zur Verfügung. Sollen wir sie aus Prinzip mehr warten lassen?
Nicht aus pädagogischen Gründen. Aber ich mute den Kindern Wartezeiten zu, wenn ich gerade mit wichtigen anderen Dingen beschäftigt bin.
Muten wir unseren Kindern zu wenig zu?

Ich glaube, wir muten ihnen zu wenig Frustrationen zu. Wir denken oft, wir schaden unseren Kindern, wenn sie nicht immer alles bekommen. Aber das Gegenteil ist der Fall. Was wir ansonsten tun sollten, ist, ihnen uns selbst zuzumuten. Auch das vernachlässigen wir oft.

Man hat schnell ein schlechtes Gewissen, wenn man nicht voll zur Verfügung steht.

Sich um sich selbst zu kümmern, ist Elternpflicht Nummer eins. Kinder brauchen weniger von uns, als wir glauben. Wenn sie uns brauchen, müssen wir natürlich da sein – mit allem, was uns zur Verfügung steht. Das schlechte Gewissen kann man in die Tonne werfen – es kettet uns nur auf ungute Art aneinander.

Sollen wir unseren Kindern mehr Aufgaben übertragen?

Kommt darauf an, welche Art von Aufgaben Sie meinen. Mithilfe im Haushalt wird meiner Meinung nach überschätzt. Jugendliche entwickeln sich nicht weiter, wenn sie uns den Müll raustragen. Was sie dringend brauchen, sind Aufgaben, an denen sie wirklich wachsen können. Jugendliche wollen wertvoll sein – für ihr eigenes und unser Leben. Sie wollen ihre Selbstwirksamkeit erleben, es ist wichtig, dass sie sich Herausforderungen stellen können. Dabei erfahren sie sich selbst.

Das könnte was sein zum Beispiel?

Für die Familie den Urlaub planen, komplett. Bei der Renovierung der Wohnung mithelfen. Ein Gartenhaus bauen. Einen Streichelzoo eröffnen. Im Altenheim Menschen vorlesen.

Für wirkliche Herausforderungen ist in unserem Alltag kaum mehr Platz. So oft renoviert man die Wohnung ja nicht.

Das ist wirklich ein Problem, es dreht sich heute alles nur noch um die Schule. Es gibt kaum mehr Bereiche, wo Jugendliche wirklich gebraucht werden.

Aber der Müll muss eben auch rausgetragen werden. Sollen wir das jetzt den Kindern auch noch ersparen?

Nein. Aber man soll nicht meinen, dass die Jugendlichen daran reifen. Wir müssen unseren Kindern die Möglichkeit geben, etwas können zu dürfen. Sie brauchen Erfolgserlebnisse. Dass uns dazu so wenig einfällt, ist beschämend.

Wir versuchen, alles bei unseren Kindern zu verstehen, lange Haare, die Kirche: alles keine Themen mehr.

Es ist doch schön, dass wir über so einen Mist wie die Haarlänge nicht mehr streiten müssen. Ich finde es eine positive Entwicklung, dass es Jugendlichen heute um Wichtigeres geht. Viele von ihnen stellen heute Fragen, über die andere erst mit 40 nachdenken.

Wäre es nicht gesünder, die Grenze zwischen den Generationen wäre weniger verschwommen?

Letztlich habe ich den Eindruck, die jungen Leute üben tiefergehende Kritik an unserer Gesellschaft, als wir sie aushalten. Die wollen nicht mehr, wie wir, sich völlig aufgeben für den Job. Die wollen eine Arbeit, die ihnen Spaß macht und Sinn macht. Vielen ist ein eigenes Auto gar nicht mehr so wichtig. Wenn Sie heute durch Berlin gehen, sehen Sie unzählige vegetarische oder vegane Lokale. Alles junge Initiativen!

Kinder, die zu sehr verwöhnt werden, werden oft fies zu ihren Eltern.

Wenn wir unser Glück abhängig machen von den Kindern, dann können die nur noch ausschlagen. Diese Erniedrigung der Eltern in Kombination mit der eigenen Überhöhung macht Kinder verrückt. Die wollen Eltern, die die Führung übernehmen. Wir müssen jeden Tag in Kauf nehmen, uns unbeliebt zu machen. Überspitzt formuliert: Zu »liebe Eltern« ziehen sich »böse« Kinder heran.

Wie findet man da zurück in ein gesundes Miteinander?

Erst mal ist eine Phase der Trauer angezeigt, darüber, dass man viele Jahre lang vieles falsch gemacht hat. Dass man gern alles tun wollte fürs Kind, dass das aber nicht funktioniert hat. Dass man

ein glückliches Kind haben wollte, dass das alles aber nach hinten losgegangen ist.
Dann etabliert man enge Grenzen?
Nein, dann macht man erst mal nichts. Und kümmert sich um sich selbst. Alle müssen in der Situation aushalten, dass es keine Patentlösung gibt, dass man auch selbst noch nicht weiß, wie es weitergeht. Vielleicht muss man sich auch Hilfe holen.
Aber ich muss dann doch endlich anfangen zu sagen: Räum den Schulranzen auf, mach dies, mach das.
Auf aktuelles Verhalten des Kindes kann man reagieren. »Ich will nicht, dass du so mit mir redest. Räum den Schulranzen bitte auf.« Ansonsten muss man einander erst einmal in Ruhe lassen.
Die erste Generation von übermäßig gepamperten Kindern ist jetzt erwachsen. In England heißen sie »Teetassen«, weil sie so zerbrechlich sind.
Ja, ich kenne auch einige dieser Ritalin-gedopten Jugendlichen, die umzufallen drohen, wenn ein Sturm kommt. Ihnen wurde das echte Leben nicht zugemutet, echte Sorgen wurden ihnen vorenthalten. Das tut niemandem gut!
Wo hat die ungute Art des Verwöhnens eigentlich ihre Wurzel?
Im Mangel. Wenn ich glaube, dass alles, was von mir kommt, nicht reicht, gebe ich mich irgendwann komplett auf. Aber auch das ist dann nicht genug.
Gibt es auch eine gesunde Art, Kinder zu verwöhnen?
Natürlich. Indem ich sie in ihrem Wesen wahrnehme. Sie respektiere in ihren Möglichkeiten und Unmöglichkeiten. Ihnen Freiheit lasse. Und sollten sie mal krank sein, dann kommt der Tee ans Bett – und was sie halt sonst noch so brauchen könnten.

38 Ich will so nicht weitermachen!

Wie ändere ich mich?

Sich zu ändern: Das ist ja das Schwerste überhaupt.
Das glaube ich auch. Veränderung ist ein langwieriger und lebenslanger Prozess, beschränkt auf die eigene Person. Verändern kann man nur sich selbst, nicht die anderen.
Manchmal denkt man: leider.
Das ist eine wichtige Einsicht. Viele Paare verbringen Jahre mit der Überlegung: Wenn der andere nur aufhören würde zu rauchen, könnte ich ihn mehr lieben! Das ist sinnlos.
Jesper Juul sagt ja, wenn Kinder nicht mehr mitmachen, sich zum Beispiel im Supermarkt auf den Boden werfen, dann sind das Goldklumpen für Eltern. Die ihnen den Weg zur Veränderung weisen.
Solche Momente führen uns vor Augen: Unser aktuelles Handeln zeigt nicht den gewünschten Erfolg. Wir sollten was ändern!
Spontan denken wir im Supermarkt: Unser Kind muss sich ändern! Es braucht engere Grenzen!
Das ist unser erster Reflex: Wenn etwas in unserem Leben nicht funktioniert, fordern wir als Erstes, dass die anderen sich verändern. Sich anpassen an unsere Wünsche und Gepflogenheiten. Das Kind soll sich gefälligst benehmen! Und zwar nur, damit ich mich nicht ändern muss. Aber im Umgang mit Kindern haben allein die Eltern die Verantwortung für die Qualität der Interaktion. Wenn eine Situation aus dem Ruder läuft, sind die Eltern der Punkt, an dem Veränderung passieren muss.
Der Goldklumpen wäre also jetzt ...
... die Erkenntnis, dass aufgrund der bisherigen Erziehung dem

Kind ein Nein nicht genügt, wenn ich ihm keine Schokolade kaufen will. Ich sollte also in dem Punkt meine Erziehung ändern. Das kann ich dem Kind auch gleich sagen: »Gut, ich habe soweit schon mal verstanden – so geht es nicht gut weiter. Ich muss mir etwas einfallen lassen!«

Schmerzhaft ist ja, dass man immer sein Bestes geben wollte, jedenfalls in der Regel. Jetzt sieht man, dass es nicht das Beste war.

Genau. Es ist ja nicht so, dass man aus einer Palette möglichen Verhaltens mit Absicht die schlechteste Variante wählt.

Wie kommt man dann weiter?

Kann gut sein, dass ich das noch gar nicht weiß. Ich kann jetzt Ratgeber lesen, meinen Partner fragen oder auch die Kinder.

Immer wieder tappt man in die gleichen Fallen – und macht in verschiedenen Situationen denselben Fehler. Warum tun wir uns nur so schwer damit, alte Muster abzulegen?

Diese Warum-Frage bringt einen, glaube ich, nicht weiter. Die Antworten, die ich finde, stammen ja aus demselben Kopf, der auch die Probleme erdacht hat. Was hilft, ist die eigene Entschiedenheit. Man muss die Veränderung wirklich wollen, es muss einen eine Not antreiben, die gewendet werden kann. Ich muss den großen Wunsch haben, die Beziehung so zu verändern, dass sie dir und mir guttut.

Wie kann es einem also gelingen, alte Fehler einfach sein zu lassen? Ein Handlungsmuster zu durchbrechen?

Zuerst muss man es überhaupt für möglich halten, etwas zu ändern. Dann ist es gut, wenn man anfängt, sich genauer zu beobachten – und sich seiner Gefühle bewusst zu werden. Die soll ich beherrschen, nicht sie mich. Wenn man merkt zum Beispiel: Heute ist ein Tag, an dem sich alles grau anfühlt, dann treffe ich an diesem Tag lieber keine weiterreichenden Entscheidungen.

Um sich beobachten zu können, muss man ein bisschen Abstand haben vom Getriebe.

Das ist vielleicht sowieso eine gute Idee. Immer wieder mal Pausen machen von der Alltagshektik, einen Spaziergang unternehmen, meditieren, sich zurückziehen. Den Trott unterbrechen.

Gibt es noch etwas, was helfen könnte?

Ein Trick ist auch, die Angelegenheit öffentlich zu machen. Im Familiengespräch anzukündigen: »Ich will auf gar keinen Fall mehr laut werden, wenn mir alles zu viel wird!« Gleichzeitig muss ich natürlich nach einem Weg suchen, wie ich meine Gefühle dann kanalisieren kann. Vielleicht habe ich einen Boxsack im Keller, vielleicht gehe ich joggen.

Kann ich denn die Kinder um ihre Hilfe bitten? Dass die mich darauf aufmerksam machen, wenn ich in alte Muster zurückfalle?

Ja, sehr gern, aber dann müssen Sie damit auch umgehen können, wenn die Kinder Sie auf altes Verhalten hinweisen. Und Ihre Emotionen entsprechend im Griff halten. Man braucht sehr viel Freundlichkeit sich selbst und anderen gegenüber, wenn man etwas ändern will.

Kann man sich noch ändern, wenn man schon alt und eingefahren ist?

Ja klar, das Alter ist kein Hinderungsgrund. Es kann höchstens sein, dass der Starrsinn inzwischen größer ist als die Liebe zu sich selbst. Veränderung ist ja ein Ausdruck von Selbstliebe.

Haben wir irgendwann mal ausgelernt?

Weise Menschen nutzen alle Angebote, die sich ihnen bieten, um zu wachsen. Sobald wir auf andere Menschen stoßen, sind wir gefordert, einen Ausgleich zwischen unserer Integrität und dem Wunsch nach Kooperation zu finden. Da kommen zwangsläufig Konflikte auf – und aus denen können wir lernen.

Es klingt in der Theorie relativ leicht. Die Praxis zeigt: Lernen aus Erfahrung ist eine hohe Kunst. Wir verstehen sehr vieles – aber wir entwickeln daraus noch lange keine Handlungsoptionen.

Sich zu verändern, ist ein schmerzvoller und langwieriger Prozess,

das stimmt. Wenn ich heute alte Bücher von mir ansehe, dann merke ich, dass das, was ich vor zehn, 20 Jahren unterstrichen habe, weil es mir wichtig schien, noch immer relevant ist für mich. Es gibt eben Themen, die begleiten uns unser ganzes Leben lang, das ist unglaublich. Zu lernen ist kein linearer Prozess, es ist ein vernetzter Prozess, der mit unserem ganzen Sein zu tun hat.
Ist Lernen ein spiralförmiger Prozess?
Ich bin mir nicht sicher. Das würde bedeuten, dass einen das Leben zwangsläufig immer wieder zu denselben Themen führt. Aber ich glaube, manche Themen kann man auch irgendwann abhaken.
Muss man in der Tiefe die Ursachen erkunden für ein bestimmtes Verhalten, um dieses nachhaltig zu ändern?
Ich glaube nicht, dass wir gleich tiefenpsychologisch einsteigen müssen, um ein Verhalten zu ändern. Wenn wir im Alltagsgeschäft der Beziehung Muster neu weben wollen, dann weisen uns Tatsachen schlicht den Weg.
Zum Beispiel?
Ich sehe zum Beispiel: Meine Botschaft kommt nicht an beim Kind. Ist es zu sehr vertieft in sein Spiel, hat es überhaupt zugehört? Und: Trage ich mein Anliegen auf respektvolle Art vor? Stimmt das Verhältnis von Botschaft und Sprachmelodie? Oder kommt in erster Linie Druck, Wut und Ärger rüber? Das alles kann man nüchtern für sich alleine analysieren. Dafür braucht keiner eine Couch.
Kann ich mich auch noch im Verhalten meinen Teenager-Kindern gegenüber ändern?
Aber natürlich. Man kann alles ändern, man kann eines Tages aufstehen und der Familie eröffnen: »Ich habe 15 Jahre lang was falsch gemacht, und jetzt fällt es mir auf.« Dann sollte ich ins Tun kommen. Wenn man Verhalten ändern will, ist Handeln gefragt, nicht Reden.

39 Das ist mein Leben!

Wie bleibe ich mit meinen jugendlichen Kindern im Gespräch?

Die Pubertät ist für viele Eltern eine Phase des Grauens, die sich immer weiter ausdehnt.
Es ist natürlich eine Zeit großer Veränderungen, vor allem für die Jugendlichen selbst, aber auch für deren Eltern. Die werden immer weniger wichtig, die Jugendlichen wenden sich Gleichaltrigen zu. Sie suchen ihren Platz in der Gesellschaft, das ist auch genau ihre Aufgabe. Sie üben das Erwachsensein.
Wir wissen das und sind dann doch oft überfordert. Es ist nicht so leicht, mit den Kindern in Kontakt zu bleiben, die einem nicht gerade viel erzählen.
Es ist immens wichtig, uns immer wieder als Gesprächspartner anzubieten. Den Jugendlichen zu signalisieren, dass unsere Türen offenstehen. Dass wir da sind, wenn sie uns brauchen. Und unser Glück nicht abhängig davon zu machen, ob wir von der Tochter eine freundliche Antwort auf unsere neugierigen Fragen bekommen – oder eben nicht.
Die Zeit der Erziehung ist jetzt wohl vorbei? Heißt es ja immer.
Aber das bedeutet nicht, dass wir kommentarlos einfach zusehen, was unsere Jugendlichen tun oder lassen. Wir begleiten sie liebevoll, gerade in dieser sensiblen Phase ihrer Entwicklung. Denn auch für Jugendliche gilt: Sie können schon viel selbst, aber vieles noch nicht allein.
Das heißt genau?
Dass wir das, was sie tun und lassen, durchaus kommentieren.

Aber wir dürfen dann nicht erwarten, dass sie sich postwendend unseren Kommentaren entsprechend verhalten.
Also sage ich meiner Tochter: »Ich finde, dass du ein bisschen zu locker angezogen bist!«?
Genau. Aber ob sie sich jetzt umzieht, das bleibt am Ende ihr überlassen.
Es ist nicht so leicht, das auszuhalten.
Das stimmt. Dafür haben Sie einen Partner oder Freunde, mit denen Sie sich austauschen können.
Viele Eltern denken, gerade in der Pubertät müsste man noch mal die Zügel anziehen. Und nachholen, was vielleicht vorher versäumt worden ist.
Das ist ein Denken, das nicht funktioniert. Wir müssen unsere jugendlichen Kinder ins Leben entlassen, wie sollen sie sonst das Erwachsensein lernen? Was wir allerdings immer können, ist, die Verantwortung für unterlassene Erziehungsleistungen zu übernehmen.
Wie könnte das aussehen?
Indem wir unserer Tochter sagen: »Hör mal, ich weiß nicht, ob du von uns in ausreichendem Maß lernen konntest, dich abzugrenzen und Nein zu sagen. Uns ist das in den letzten Wochen erst aufgefallen, wir glauben, wir waren da kein gutes Vorbild!«
Was könnte ein solches Geständnis bringen?
Damit kommt man endlich mal aus der Deckung, das ist eine Riesenerleichterung für alle. Und man schiebt die Verantwortung dafür, dass die Tochter in manchen Dingen noch Lernbedarf hat, nicht ihr zu. Übernimmt diese Verantwortung selbst.
Kann ich überhaupt dem Jugendlichen noch Sachen verbieten?
Das kommt immer auf die einzelne Situation an. Der Zwölfjährigen können Sie noch verbieten, auf eine Party zu gehen. Aber der 14-Jährigen nur noch schwer. Was Sie jederzeit können, ist, Ihre Sorgen zu formulieren: »Ich habe kein gutes Gefühl dabei. Kannst

du mir um 22 Uhr eine SMS schreiben, wie es dir geht?« Oder: »Wenn du dorthin gehst, will ich dich auf jeden Fall abholen. Ist 23 Uhr okay für dich?«

Kann ich auch Bedingungen stellen? »Dorthin gehst du nur, wenn du das Handy anlässt! Eine Freundin mitnimmst!«?

Das können Sie versuchen, ob Ihre Tochter auf die Bedingungen eingeht, ist eine andere Sache. Das hängt auch von Ihrer bisherigen Beziehung ab.

Nehmen Jugendliche denn unsere Meinungen und Ansichten noch ernst?

Davon bin ich überzeugt. Eine 15-Jährige, die auf eine Party geht, geht dort anders hin, wenn sie weiß, dass wir damit nicht einverstanden sind. Jugendliche, deren Eltern mit ihrer Meinung hinterm Berg halten, mögen zwar viele Freiheiten haben. Aber sie sind auch sehr allein.

Ein Streitpunkt ist ja oft, wann die Kinder nach Hause kommen sollen. Wie kann man das handhaben?

Sehr elastisch. Ich gebe eine Zeit vor, aber ich flippe nicht aus, wenn sie nicht eingehalten wird. Schließlich ist ja das Ziel, dass am Ende der Jugendliche gelernt hat, selbst Verantwortung für seine Freizeit zu übernehmen.

Dann brauch ich doch gar nichts vorzugeben.

Doch, unbedingt. Es ist unheimlich wichtig, dass die Eltern ihre Meinung sagen! Aber sie dürfen nicht mehr erwarten, dass ihre Kinder sich jetzt an alles halten. Die müssen ihre eigenen Erfahrungen machen.

Welche Rolle haben wir Eltern dann gegenüber unseren erwachsen werdenden Kindern?

Wir sind liebevolle Begleiter im Hinterland. Wir geben den Kindern noch Orientierung, aber wir verschonen sie mit Anweisungen.

Jesper Juul sagt, Eltern sollen ihren jugendlichen Kindern sein wie

Sparringpartner beim Boxen. Ihnen maximalen Widerstand bieten und dabei minimalen Schaden anrichten.
Das ist ein schönes Bild, das auch impliziert, wie sehr Jugendliche uns herausfordern.
Ist es noch sinnvoll, den Jugendlichen Vorträge über das Leben zu halten?
Nein, und es ist auch so, dass wir ihnen das meiste wahrscheinlich schon mehrmals gesagt haben. Man kann ja mal fragen: »Weißt du schon, was ich da und davon halte?« Dann sehen wir ja, was kommt. Letztlich sagen Sie Ihren Kindern nicht mehr, als Sie auch Ihrer besten Freundin sagen würden. Oder genauso viel, wie Sie hören wollen, wenn Sie nach der Scheidung den Kindern Ihren neuen Partner vorstellen.
Wir würden die Kinder natürlich gern vor schlechten Erfahrungen bewahren. Und unsere Lebenserfahrungen an sie weitergeben.
Weitergeben können wir nur technische Erfahrungen. Wie man ein Schnitzmesser richtig hält. Wie die Waschmaschine funktioniert. Tiefe seelische Erfahrungen muss jeder selber machen. Und Schmerzen gehören auch dazu zum Leben, das können wir unseren Kindern nicht ersparen.
Diese Erkenntnis tut weh.
Es stimmt, die Vorstellung ist schwer auszuhalten, aber es ist so: Wir können den schüchternen Sohn nicht beleben. Wir können für die Tochter, die zu dünn ist, nicht essen. Wir sind als Eltern weder allmächtig noch ohnmächtig, damit müssen wir zurechtkommen. Wir können unser Kind nicht nach dem Bild formen, das wir von ihm im Kopf haben.
Wie lernfähig sind Jugendliche eigentlich? Können wir überhaupt vernünftige Entscheidungen von ihnen erwarten, in einer Zeit, in der ihr Gehirn eine Großbaustelle ist?
Wir wissen von der Hirnforschung, dass der frontale Kortex als letzte Hirnregion ausgeprägt wird. Aber genau dort werden mora-

lische Bewertungen vorgenommen, dort verankern sich Werte. Was heißt: Vernunft wird man von einem Jugendlichen nicht unbedingt erwarten dürfen.

In der Pubertät kommt oft auch die schmerzliche Einsicht, dass wir die Kinder zu sehr gepampert haben.

Das kann stimmen. Aber wenn wir von unserer 16-Jährigen erwarten, dass sie sich dem fordernden Freund gegenüber behauptet, müssen wir ihr schon vorher Verantwortung übertragen haben. Nein zu sagen, lernt man mit drei, vier Jahren. Meiner pubertierenden Tochter kann ich das nicht mehr im Eilverfahren beibringen.

Auch wenn man sich Sorgen macht, man wirft keinen neugierigen Blick in die Zettelberge auf dem Schreibtisch der Kinder.

Nein, es ist doch viel besser, offen zu fragen: »Wir haben das Gefühl, da läuft etwas ein bisschen schief in deinem Leben. Ist da was dran?« Auch wenn man keine Antwort bekommt: Der Jugendliche weiß jetzt, dass die Eltern ihn wahrnehmen.

Wenn ich mit meinem Jugendlichen etwas Wichtiges besprechen will: Brauche ich dafür eine Einladung?

Ja, man fragt: »Wann würde es dir passen? Gib mir bitte Bescheid.«

Und wenn er/sie sich nicht meldet?

Dann weiß ich, dass er momentan nicht mit mir reden will. Und gehe weiterhin so mit ihm um, wie ich auch meinen besten Freund behandeln würde. Respektvoll.

40 Darf ich an den Computer?

Wie sieht eine sinnvolle Medienerziehung aus?

Medienerziehung fordert uns besonders heraus. Wir sind mit Medien nur zum Teil groß geworden, wir kennen uns weniger aus als die Kinder. Und müssen doch einen vernünftigen Rahmen vorgeben.
Ich finde, bei dem Thema müssen sich als Erstes die Eltern auch selbst fragen: Wie lange sitzen wir eigentlich allabendlich vor dem Fernseher?
Sehr viele Eltern sitzen gar nicht mehr vor dem Fernseher. Die Kinder kleben trotzdem vor der Kiste.
Dann haben sie offenbar nichts Besseres zu tun.
Was früher Drogen waren, sind heute die Medien: eine ideale Blaupause für Schreckensvisionen. Man sieht sein Kind zum »Nerd« werden, blass, schmal, lethargisch. Und computersüchtig.
Angst vor Kontrollverlust und Abhängigkeit hat es immer schon gegeben. Aber Angst ist auch hier ein schlechter Ratgeber. Wir müssen viel früher damit anfangen, einen freundlichen Kontakt zu unseren Kindern aufzubauen. Dass uns dann, wenn es ernst wird, noch geglaubt wird. Dass unsere Jugendlichen verstehen, dass wir ihnen nicht nur den Spaß verderben wollen, wenn wir ihre Medienzeit beschränken.
Wie sieht eine vernünftige Medienerziehung aus?
Unser Ziel sollte ja sein, dass das Kind möglichst bald selbst den Umgang mit Medien zu steuern in der Lage ist. Was heißt: Mit Vorgaben und strikten Kontrollen allein ist es nicht getan. Und wenn mein Kind immer zu wenig darf, wird sein Heißhunger auf

die digitale Welt nur größer. Eltern kommen nicht darum herum, sich auch selbst mit dem Thema auseinanderzusetzen.
Was heißt das?
Wenn mein Sohn ein Computerspiel will, egal, ob er es sich wünscht oder ankündigt, es sich zu kaufen, nützt es doch nichts, wenn ich es bloß erlaube oder schenke – oder eben nicht. Es ist wichtig, herauszufinden, warum er das Spiel will, überhaupt mich für das Thema zu interessieren. Und dafür wäre es das Beste, ich würde es mit ihm spielen.
Darauf haben sicher die wenigsten Eltern Lust.
Zum Elternsein gehört auch die Beschäftigung mit Dingen, die mich nicht anspringen. Wir müssen uns schon fragen: Welche Eigenschaften brauchen wir, damit unser Kind einen kompetenten Medienumgang erlernen kann? Unsere Eltern haben mit uns früher Rommé gespielt oder irgendein Brettspiel. Und heute spielen wir halt mit den Kindern eine Runde Doodle Jump. Bei der wir natürlich gnadenlos verlieren, das freut dann die Kinder. Es macht für mich keinen Sinn, diese Dinge als Irrsinn zu verteufeln.
Aber Doodle Jump ist auch nicht das Spiel, vor dem Eltern sich fürchten. Was ihnen Sorgen macht, sind Online-Rollenspiele mit ihrem extrem hohen Suchtfaktor und Killerspiele.
Diese Ängste kann ich gut verstehen, aber ich kann mich nur wiederholen. Es kommt jetzt darauf an, in Kontakt zu bleiben mit unseren Kindern. Wir sind doch daran interessiert, dass die Jugendlichen diese Phase gut bewältigen, sie selbst wollen ja auch nicht abstürzen oder süchtig werden. Das sollten wir ihnen auch so sagen. Wenn wir allerdings mit unserem Manierentheater unsere Glaubwürdigkeit verspielt haben, wird es eng.
Ich finde, manchmal geht unser Verständnis für die Jugendlichen zu weit. Warum muss ich mich auf alles einlassen, was von ihnen kommt? Ich kann doch einfach sagen: Bei uns werden keine Computerspiele dieser Art gespielt – und fertig.

Fertig für Sie. Aber damit ist doch der Reiz, den soziale Netzwerke und Spiele auf Ihr Kind ausüben, nicht weggewischt. Es ist die Welt, in der unsere Kinder aufwachsen, wir können die nicht einfach ausblenden. Und wenn uns die Düse geht, müssen wir die Hosen runterlassen und es aussprechen: »Ich habe Angst, was da kommt, wenn ich sehe, wie viel du momentan am Computer klebst! Ich will auf keinen Fall, dass du sozial verwahrlost! Hör bitte auf, so viel zu spielen!«

Aber ich kann doch sagen: »Von uns bekommst du keinen Computer. Wenn du den unbedingt haben willst, musst du ihn dir selbst kaufen.«

Das können Sie sagen, und das ist wunderbar. Allerdings wäre es dann nett, wenn Sie Ihren Jugendlichen bei der Jobsuche unterstützen. Und vielleicht schießen Sie am Ende ja noch 100 Euro zu. Wenn Sie ihn mit dem Projekt ganz allein lassen, wird seine Verbissenheit nur größer.

Man hört viele Horrorgeschichten. Von Jugendlichen, die in Windeln vor dem PC sitzen, weil sie beim World-of-Warcraft-Spielen keine Pause machen wollen. Die ihr Essen mit der Familie nur noch reinschlingen, um gleich wieder in ihre virtuellen Welten abtauchen zu können.

Auf solche Horrorgeschichten will ich in diesem Rahmen nicht eingehen. Wenn es uns als Eltern zu viel wird, muss mein Jugendlicher von mir gehört haben: »Diese Spielerei, die beeinflusst dich, das ist was anderes als eine Wiese mit Gänseblümchen. Dein Gehirn passt sich auf Dauer der Art an, auf die es genutzt wird. Bitte pass auf!« Manchmal müssen wir auch in den Krieg ziehen für eine gute Zukunft der Kinder. Es kann nicht falsch sein, den Kindern zu sagen: »Ich will unbedingt, dass du diese Phase unbeschadet überstehst!«

Aber ein 15-Jähriger ist vernünftigen Argumenten nicht besonders zugänglich.

Aber er hört sie trotzdem. Es ist wichtig, dass er die Eltern als Verbündete erlebt. Die sich mit ihm zusammen dafür einsetzen, dass er die Pubertät möglichst unbeschadet übersteht.

Ansonsten bleibt mir nur noch, Zeiten festzulegen, zu denen der Computer genutzt werden kann?

Das macht man natürlich, gleichzeitig sagt man auch dazu: »Ich will letztlich, dass du dich selbst zu steuern lernst.« Vielleicht ist es dann sinnvoller, Wochenkontingente zu vereinbaren, dann bleibt dem Jugendlichen mehr Spielraum. Und wenn er an einem Tag fünf Stunden am Stück gespielt hat, merkt er, was das mit ihm macht. Letztlich bleiben Verbote immer ein unwirksames Mittel, um etwas zu erreichen, dessen sollte man sich bewusst sein.

Darf man auch mal den Stecker ziehen?

Unbedingt. Wenn nicht aufgehört wird, obwohl die Zeit abgelaufen ist, und auch schon angemahnt wurde: raus mit der Sicherung.

Vor allem gewitzte, zurückhaltende Jungs sind gefährdet, zu sehr in Online-Rollenspielen abzutauchen. Bei denen können sie ihr Potenzial voll entfalten, ohne zu sehr aus der Deckung zu müssen. Kann ich da nicht gegensteuern?

Was unsere Kinder immer auch brauchen, sind Alternativen. Wirkliche Herausforderungen. Die fehlen ihnen heutzutage komplett. Wir haben keine Aufgaben für sie. Wir sagen ihnen nur, sie sollen bitte mal den Tisch abräumen. Hausaufgaben machen. Was für eine Welt!

Muss da denn nicht die Initiative von den Jugendlichen selbst kommen? Wir fänden es ja toll, wenn sie zum Beispiel anfangen würden, ein Baumhaus zu bauen. Aber man kann sie ja nicht zum Jagen tragen, oder?

Nein, kann man nicht. Aber wir müssen für die Jugendlichen Gelegenheiten schaffen, dass sie Sinnvolles leisten können. Wir sollten sie schon unterstützen. Zum Beispiel darin, einen Job zu finden. Und wenn wir wollen, dass unsere Kinder für etwas brennen, ist es natürlich gut, wenn auch wir mit Leidenschaft unsere Themen verfolgen.

Schlimm ist ja auch, dass fast jeder inzwischen ein internetfähiges Handy besitzt. Dann ist der Computer aus, und der Junge daddelt einfach am Handy weiter. Muss ich das auch noch einsammeln?

Ich finde es durchaus passend, wenn die Mutter sagt: »Ich will nicht, dass ihr nonstop am Handy hängt wie an einem Tropf, ich sammle die Dinger regelmäßig ein.« Dann kann man weitersehen, wie es läuft. Worum es mir bei dem Thema aber auch geht, ist, dass wir unsere Jugendlichen unbedingt behandeln sollten wie Erwachsene, bei denen es schon gut gegangen ist. Zu oft drängen sich unsere Horrorvisionen in ein Zukunftsbild und verunsichern zuerst uns, dann die Jugendlichen. Wir sollten als Eltern daran glauben, dass es gut ausgeht, und dann alles dafür tun, dass es auch so werden kann, statt immer das Schlimmste zu befürchten!

Würden Sie sich auf Facebook mit Ihren Kindern anfreunden?

Nein, würde ich nicht, Jugendliche brauchen erwachsenenfreie Räume. Und das ist ja Facebook für sie. Viel besser finde ich es, von Zeit zu Zeit zu fragen: »Darf ich mal reinschauen, könnt ihr mir erklären, was ihr da so macht? Ich will, dass ihr dafür in den nächsten Jahren die Verantwortung allein übernehmt.« Das werden die Kinder erst mal vielleicht nicht so toll finden, aber unter der Oberfläche sind sie dankbar dafür, dass man sich interessiert für das, was sie tun.

41 Tom ist voll süß!

Mein Kind ist verliebt – und jetzt?

Kann ich mich darauf verlassen, dass meine Kinder in der Schule und übers Internet ausreichend aufgeklärt wurden?
Ich finde, wir sollten zusätzlich frühzeitig Stellung beziehen und den Kindern jedenfalls zum Thema Verhütung alles Wesentliche erklären. Auch wenn es uns nicht leicht fällt. Allerdings sollten wir dabei versuchen, so wenig belehrend daherzukommen wie möglich.
Was sollten 13-Jährige unbedingt wissen?
Eben alles über Empfängnisverhütung. Und dann, glaube ich, sollte man mit ihnen unbedingt darüber reden, was ihnen in Pornos und Zeitschriften ständig vor Augen gehalten wird: diese perfekten Körper ohne Falten, Ecken und Kanten, die übergroßen Penisse. Dass diese Szenen alle retuschiert worden sind. Dass nichts davon dem Leben entspricht.
Aber vielleicht hat meine Tochter gar keine Pornos gesehen?
Das halte ich für unwahrscheinlich. Es gab mal eine ZDF-Statistik, derzufolge Jugendliche, bis sie 16 sind, bereits ein paar Tausend Sexualakte im Netz zu sehen bekommen haben. Was heißt, dass an technischer Information kaum mehr Bedarf bestehen dürfte. Aber die Jugendlichen müssen unbedingt von uns hören, dass das mit Liebe nichts zu tun hat, dass es hier nur ums Geschäft geht. Dass doch all das, was uns vom Serienprodukt unterscheidet, das scheinbar fehlerhafte Individuelle, ja genau das ist, was uns liebenswert und wertvoll macht. Genau deshalb verlieben wir uns doch ineinander.

Es ist eine Riesenherausforderung, sich heute, in einer Welt der Scheinperfektion, hinzustellen und zu sagen: So bin ich! Mit allen Schwächen und Stärken!
Ja, Jugendliche heute sind viel stärker beeinflusst von Werbung und Medien, als wir es gewesen sind. Aber andererseits weiß man auch, dass sie sich so leicht auch wieder nicht beeinflussen lassen. Trotz der heutzutage überall verfügbaren Sexualität werden sie selbst nicht früher sexuell aktiv als wir vor 30 Jahren.
Es ist auch für Eltern nicht so leicht, diese Themen anzuschneiden.
Es macht nichts, wenn wir ein bisschen verklemmt daherkommen, das steht uns ganz gut an. Sexualität ist so etwas Privates, das trag ich nicht zu Markte. Auf keinen Fall sollte ich, wenn ich mich verkrampft fühle, locker tun.
Wie weit darf ich mich einmischen in die Beziehung meiner Tochter? Wenn die mit – sagen wir 14 – den ersten Freund hat: Darf man da zur Vorsicht mahnen?
Wenn ich mir Gedanken darüber mache: ja. Ich kann zum Beispiel einen Moment abpassen, in dem ich beide gemeinsam erwische. Warum dann nicht zu ihnen sagen: »Bitte lasst es langsam angehen und seid freundlich miteinander. Ihr habt so viel Zeit!« Das reicht ja eigentlich schon.
Wenn mir von vornherein klar ist, dass der Typ, den sie sich ausgesucht hat, sie niemals glücklich machen wird?
Glücklich muss jeder allein werden, das ist das eine. Und: Als Außenstehender oder hinterher ist man immer schlauer. Aber wie haben denn wir unsere Lebenserfahrungen gemacht? Doch auch über trial and error. Man muss die Kinder ziehen lassen, allerdings heißt das nicht, dass wir unsere Meinung zum Freund nicht auch äußern dürfen.
Wie ehrlich darf man sein?
Man sollte so ehrlich wie möglich sein, ohne dabei die eigenen Kinder zu verletzen. Was heißt, dass man sehr vorsichtig formu-

liert – etwa so, wie man sich auch einem guten Freund gegenüber ausdrücken würde.

Zum Beispiel? Wenn die Tochter fragt: »Findest du Tom nicht auch total süß?«

Dann könnte man sagen: »Die Frage beantworte ich nicht so gern. Auf mich macht er einen eher unzuverlässigen Eindruck. Täusche ich mich da?« Dann merkt man ja, ob Nachfragen kommen oder nicht.

Können wir unseren Kindern denn schlechte Erfahrungen oder Kummer nicht ersparen? Indem wir davon erzählen, wie wir uns mal vertan haben in Liebesdingen?

Leider funktioniert das nicht. Wir Eltern müssen es aushalten, dass unsere Kinder ihre eigenen Erfahrungen machen. Man kann nicht theoretisch lernen, wie man sich in der Liebe schützt. Wir können zur Tochter sagen: »Ich will nicht, dass du mit deinem Freund schon schläfst.« Aber ob sie es tut oder nicht, ist ihre Entscheidung.

Muss ich denn erlauben, dass der Freund meiner 14-Jährigen bei uns übernachtet?

Insgesamt finde ich es besser, die beiden übernachten bei Ihnen als irgendwo. Und dann kommt es natürlich auf die Tochter an. Wirkt die schon relativ erwachsen und innerlich reif, würde ich es wohl erlauben.

Verbieten kann man eine Beziehung wohl nicht?

Wie sollte das funktionieren? Die Liebe ist in den Augen der Jugendlichen doch viel stärker, als irgendwelche elterlichen Gebote es jemals sein können. Sie erreichen damit höchstens, dass Ihre Tochter Sie ab jetzt belügt.

Was muss ich wissen, wenn die 16-Jährige auf eine Party geht?

Hast du Kondome dabei?

Andersrum: Wenn einem die eigenen Kinder allzu schüchtern vorkommen – soll man da ein bisschen anschieben?

Man sollte als Eltern kleine Brötchen backen und nicht immer so tun, als wüsste man genau, wie das Leben geht. Wer schüchterne Kinder hat, hat eben schüchterne Kinder. Die brauchen jetzt Stabilität und eine liebevolle Begleitung durch ihre Eltern. Und keine besserwisserischen Belehrungen.

42 Ich trinke eh nie was!

Die Versuchungen der Jugend – wie gehen wir Erwachsenen damit um?

Die Pubertät ist begleitet von vielen Gefahren.
Man sollte das alles auch nicht verteufeln. Auch zu unserer Zeit gab es Gefahren.
Trotzdem, man macht sich Sorgen!
Sorgen helfen niemandem weiter. Sie unterlaufen nur das Selbstwertgefühl der Kinder. Besser ist es, auf Gefahren hinzuweisen und dazu zu sagen: »Mein Wunsch ist, dass du es bald alleine schaffst und damit umzugehen lernst.«
Aber man hat das Gefühl, zu unserer Zeit war das alles nicht so extrem. Komasaufen, chemische Drogen, das Zugeballertwerden mit Werbung: All das gab es vor 30 Jahren noch nicht in dem Maß.
Auch ich lag als Jugendlicher mal mit Alkoholvergiftung im Krankenhaus. Als ich aufwachte, sah ich meine Eltern am Bettrand stehen. Sie sagten nur: »Schön, dass du aufgewacht bist.« Das hat mich tief beeindruckt.
Inwieweit gehört es zur Pubertät dazu, all dies auszuprobieren?
Alle haben wir doch in unserer Jugend Alkohol auch mal im Übermaß getrunken. Man könnte auch die Frage stellen, warum die Mehrheit der Jugendlichen nicht im Alkoholkonsum untergeht. Weit über 90 Prozent überstehen die Pubertät unbeschadet.
Wie können wir unsere Kinder stark machen, dass sie mit all diesen Phänomenen lernen umzugehen?
Ihnen vertrauen. Ihnen auch immer wieder sagen, wie wertvoll sie für einen sind. Das ist für einen Jugendlichen viel wichtiger, als

von uns mit guten Ratschlägen überschüttet zu werden. Es macht auch Sinn, sich zu erinnern, was man selbst alles in der Pubertät so getrieben hat.
Partydrogen muss ich ernst nehmen. Ecstasy kann Gedächtnisprobleme hervorrufen, die lange nach dem Konsum noch anhalten.
Ja, diese Gefahren sind real, manches macht einem wirklich Angst. Aber klar ist auch: Es sind die Erwachsenen, die all diese Drogen in Umlauf gebracht haben, und nicht die Jugendlichen. Jetzt kommt es drauf an: Haben die Eltern den Vertrauensvorschuss, den sie gratis von den Kindern bekommen haben, schon verspielt?
Erhöhte Risikobereitschaft ist eine Begleiterscheinung der Pubertät, mit der wir Eltern leben müssen?
Ohne diese Risikobereitschaft wären entscheidende Erfindungen nicht gemacht worden. Sie gibt jungen Menschen die Kraft und den Mut, zu neuen Ufern aufzubrechen.
Dann müssen wir Eltern also das Risikoverhalten als Realität akzeptieren? Statt ständig dagegen anzukämpfen?
Wir sollten mit den Jugendlichen über ihre Risikobereitschaft reden – damit die dann lernen, Gefahren realistischer einzuschätzen. Wir sollten auch wissen, wie oft diese Abenteuerbereitschaft in der Adoleszenz von uns Erwachsenen auch schon missbraucht worden ist in der Geschichte. Das Durchschnittsalter der amerikanischen Soldaten im Vietnamkrieg etwa war gerade 19.
Ich kann die Kinder vor Gefahren nicht bewahren?
Nein, das ist die grausame Wahrheit für alle Eltern. Irgendwann kommt der Moment, in dem Eltern dem Leben einfach trauen müssen. Mit allen Folgen.
Darf ich darauf vertrauen, was mir die Kinder erzählen?
Ich muss darauf vertrauen, was bleibt mir sonst übrig? Wenn ich darüber hinaus ein schlechtes Gefühl nicht loswerde, kann ich ja nachfragen.
Kann ich verhindern, dass mein Kind zu rauchen anfängt?

Nein. Erst recht nicht, wenn Sie selber rauchen. Sie können der Tochter, sollte sie anfangen, natürlich sagen: »Bitte hör wieder auf. Man wird so schnell abhängig von dem Zeug!« Vielleicht haben Sie ja früher geraucht und lange gebraucht, um endlich aufzuhören. Das können Sie ihr erzählen, mehr können Sie nicht tun.
Ich könnte das Taschengeld kürzen, das Rauchen verbieten.
Dann leiht sie sich eben Geld oder arbeitet, und zum Rauchen geht sie auf die Straße. Damit zerstören Sie nur das Vertrauen, das sonst vielleicht noch dagewesen wäre.
Wenn einem die Freunde der Kinder nicht geheuer sind: Darf man das artikulieren?
Man sollte seine Meinung auf jeden Fall sagen, die Kinder haben sowieso im Gespür, was man denkt. Aber gleichzeitig macht man deutlich: »Es ist eure Entscheidung, mit wem ihr eure Zeit verbringt. Ihr müsst dann ja auch mit den Folgen leben.«
Man kann den Jugendlichen ja schlecht zu Hause einsperren. Auch wenn man es manchmal am liebsten tun würde.
Ja, das ist unsere reflexhafte Überlegung: Wir verbieten ihm den Umgang, dann ist das Problem gelöst. Aber so ist es nicht. Wir können nicht verhindern, dass er schlecht mit sich selbst umgeht. Wichtig ist, ihm die Verantwortung für sein Tun klar zu übertragen.
Wir haben in den entscheidenden Momenten unsere Eltern einfach angelogen. Heutige Eltern scheinen alles mitzubekommen.
Ja, und genau dagegen müssen sich die Jugendlichen wehren! Was sie brauchen, ist erwachsenenfreie Zeit.
Braucht es deshalb dann Alkoholexzesse – weil Pubertät sonst nirgends mehr stattfinden darf? Die Jugendlichen werden bis nachmittags an den Schreibtisch gefesselt, sie haben kaum mehr Freiraum.
Vielleicht. Mir macht es vor allem Sorgen, dass wir Erwachsenen

meinen, wir müssten überall mitmischen. Weil sonst nichts wirklich klappt. Kontrolle allerorten kann aber nicht die Lösung sein.
Wie reagiere ich, wenn meine Kinder betrunken nach Hause kommen?
Ich stelle ihnen einen Eimer ans Bett, lege ein Handtuch dazu. Fertig.
Keine Ermahnungen?
Nein, was könnten die bringen? Ihr Kind weiß selbst, dass es zu viel erwischt hat. Ihm dürfte am nächsten Tag der Schädel ziemlich brummen, das reicht doch.
Für manche Jugendlichen wird Alkohol schnell zur Gewohnheit.
Ich bin total überzeugt davon, dass die Symptome, die sich bei unseren Kindern zeigen, sehr viel mit uns selbst zu tun haben. Zu meinem Sohn, von dem ich annehme, dass er regelmäßig trinkt, würde ich deshalb sagen: »Ich sehe, dass du dir immer wieder Alkohol kaufst. Ich mach mir Gedanken, was ich dafür tun kann, dass es besser wird.«
Dann kann sich der Kerl entspannt zurücklehnen, ein Bier aufmachen und zusehen, wie sich der Vater abstrampelt, um ihn von seiner Sucht zu heilen.
Nein, ich glaube, das macht Eindruck auf einen Jugendlichen. Der Vater versucht, über den eigenen Schatten zu springen. Er will seinen Sohn nicht belehren, und er stellt sich nicht über ihn. Eine Familie funktioniert wie ein Mobile: Wenn einer was ändert, kommen auch die anderen in Bewegung.
Das klingt so, als trügen wir die volle Verantwortung dafür, dass unser Sohn zu trinken anfängt?
Der Junge kam ja nicht mit einem Suchtproblem auf die Welt – sofern seine Mutter nicht schon in der Schwangerschaft getrunken hat. Mit dem untauglichen Mittel Droge versucht er vielleicht, einen Schmerz auszugleichen. Damit habe ich als Vater oder Mutter natürlich etwas zu tun.

In welchem Moment muss ich mir als Vater/Mutter Hilfe von außen holen?
Sobald ich merke, dass die Situation mich überfordert, sollte ich mich nach Hilfe umsehen. Und nicht mehr warten. Es ist gut, wenn die Eltern eine Selbsthilfegruppe oder therapeutische Hilfe auch für sich selbst in Anspruch nehmen. Sie müssen ja irgendwie auch mit ihren Schuldgefühlen zurechtkommen. Und sie müssen ihren Teil der Verantwortung für das Problem übernehmen, sonst bleibt das alles am Jugendlichen – als Schuld – hängen.
Was kann ich zu meinem Sohn sagen, der exzessiv zu kiffen angefangen hat?
Das hängt davon ab, wo Ihre persönlichen Grenzen liegen, wie die genauen Umstände aussehen. Wenn Ihnen klar ist, Sie können unter den Umständen mit Ihrem Sohn nicht zusammenleben, müssen Sie ihm das sagen: »Ich toleriere deine Kifferei auf keinen Fall! Mach mir bitte einen Vorschlag, wie es weitergehen soll!« Wichtig ist, den Kontakt zu halten – um weiter Einfluss nehmen zu können.
Sie würden ihn nicht rausschmeißen?
Nein, auf keinen Fall. Das würde ich als Beleidigung der Beziehung begreifen. Das wäre doch nichts weiter als eine Machtdemonstration.
Aber vielleicht kapiert er anders nicht, dass es mir ernst ist und er aufhören muss damit!
Mir wäre in der Situation viel wichtiger, den Funken von Einfluss, den ich vielleicht habe, nicht zu verlieren. Und diesen Einfluss habe ich nur, wenn ich mich auf die Welt meiner Kinder auch einlasse. Wenn ich von vornherein alles verteufele, hab ich keine Möglichkeiten mehr! Die Kinder sind dann nur noch falsch – und allein. Eltern, die nichts mehr mit ihren Kindern zu tun haben wollen, weil die nicht so geworden sind wie ursprünglich gedacht: Das ist das Schlimmste, was Kindern passieren kann!

Wie weit soll man mit Kindern prophylaktisch über Drogen sprechen?
Ein Jugendlicher sollte mitbekommen haben, dass Rauschmittel nur so lange Spaß machen, wie man sie im Griff hat. Wenn die Drogen den Menschen beherrschen, endet das immer furchtbar.

43 Ohne mich!

Die Kinder werden flügge – muss man jetzt also alleine wandern?

Jugendliche kann man schlecht zwingen, sich am Familienausflug zu beteiligen, oder?
Nein. Aber man kann einem 14-Jährigen sagen: »Ich will gern, dass du mitkommst.« Und das reicht dann auch schon wieder. Er müsste ja so weit sein, dass er auch locker den Tag allein daheim verbringen kann, ohne dass ich Angst haben muss, dass er die Bude abfackelt.
Es wäre halt schön, wenn er mitkäme. Kann ich ihn nicht irgendwie ködern?
Die schönste Einladung für einen Jugendlichen ist die Begeisterung, die Sie selbst für den Ausflug mitbringen. Vielleicht kommen Sie ja auch am Abend bester Dinge und erfüllt nach Hause und erzählen ein bisschen, dann kann es sein, dass er es sich beim nächsten Mal anders überlegt.
Man will eben, dass die Kinder schöne Sachen erleben.
Aber man sollte wollen, dass sie die Sachen erleben, die sie selbst schön finden! Einen 14-Jährigen interessiert die besondere Aussicht von einem Berg ins Tal einfach überhaupt nicht. Die sind sehr froh, wenn sie auch mal allein zu Hause bleiben können. Davon abgesehen, dass wir auch nicht dafür da sind, die schönen Erlebnisse unserer Kinder zu liefern!
Aber man weiß eben, dass, wenn sie nicht mitkommen, sie den ganzen Tag nur rumhängen. Oder vor dem Computer kleben!
Für Ihre jugendlichen Kinder sind ganz andere Sachen wichtig als

für Sie. Es ist schwierig, hier zu werten. Mich stört die Überlegung, dass nur das, was Erwachsene machen, sinnvoll sein soll. Und die Jugendlichen anscheinend nur Faxen im Kopf haben.

Kann ich wenigstens ein Minimum an Teilhabe am Familienleben einfordern?

Sie sagen doch zu Ihrem besten Freund, wenn der keine Lust hat, mit Ihnen zu wandern, auch nicht: »Du musst aber.« Wenn meine jugendliche Tochter nicht auf einen Ausflug mitkommen will, hab ich zwei Möglichkeiten: Entweder ich sage das Ganze ab oder ich gehe allein.

Aber für die Familienkultur ist es doch wichtig, ab und zu gemeinsam etwas zu unternehmen.

Das ist der Wunsch der Eltern. Den dürfen sie auch aussprechen. Aber gleichzeitig müssen sie verstehen, dass sie ihre Kinder, wenn die mal zwölf sind, ans Leben verlieren. Dass die Kinder sich abkapseln, ihre Tür zumachen. Das ist altersgemäßes Verhalten, das man nicht persönlich nehmen sollte.

Sollen wir denn unsere jugendlichen Kinder behandeln wie Freunde?

Ich sollte sie wie Erwachsene behandeln, auch wenn sie noch nicht ganz erwachsen sind. Aber sie sind ja dabei, das Erwachsensein zu üben. Dabei werden sie Fehler machen, Enttäuschungen erleben, weshalb sie die Sicherheit eines Hafens brauchen. Das ist die Familie.

Man hat auch nichts davon, wenn die Kinder nur einem selbst zuliebe mitkommen – und dann vielleicht auch den ganzen Tag schlecht gelaunt sind.

Nein, man schafft damit nur Sklaverei. Abhängige Menschen, die mir zuliebe etwas tun. Aber das Ziel wäre doch, dass die Jugendlichen sich zuliebe etwas tun oder eben auch nicht. Wenn sie das können, haben sie auch innerlich die Freiheit, der Mutter zuliebe etwas zu tun.

Manchmal gehen dann die Kinder mit den Eltern ihres Freundes sehr gern zum Wandern.

Jugendliche sollen sich ihre Gesellschaft selbst aussuchen können. Ich wehre mich total dagegen, dass sie als Partner-Ersatz missbraucht werden. Nur weil ich niemanden habe zum Wandern, darf ich nicht meine Kinder dazu verpflichten, mich zu begleiten. Ich muss den Kindern so was offen lassen.

Aber die Kinder gehen ja nicht mal gern mit einem ins Kino. Selbst wenn Tierfilme kommen.

Die Eltern müssen das schlucken. Sie sind eben nicht mehr im Zentrum der Welt ihrer groß gewordenen Kinder.

Man kann es selbst manchmal nicht fassen: Lieber versäumen sie die schönsten Dinge, statt sich mal durchzuringen, Ja zu sagen!

Sie wollen weg von der Symbiosesituation mit den Eltern, dafür nehmen sie einiges in Kauf. Das war bei uns doch nicht anders.

Aber unsere Eltern waren ja auch eher spießig. Von denen musste man sich scharf abgrenzen. Wir sind doch viel lockerer – oder nicht?

Das Prinzip bleibt aber dasselbe: Die Kinder müssen sich abstoßen. Und wir sind der Beckenrand.

Ich müsste im Kino ja nicht mal neben meiner Tochter sitzen! Mir ginge es einfach darum, dass sie den Film sieht!

Ihre Tochter kann sich den Film auch irgendwann downloaden. Unsere Kinder sind keine Fässer, die wir einfach mit Liebe auffüllen. Die wollen die gutgemeinten Sachen nicht. Dass die Beziehungsebene hier die Inhaltsebene bestimmt: Das ist eine ganz normale, gesunde Entwicklung.

Dann sollen wir auch gar nicht krampfhaft nach immer noch größeren Attraktionen suchen, um unsere Jugendlichen noch für Gemeinsamkeit begeistern zu können?

Wo sollte das hinführen? Am Ende winken wir mit dem Flug um die Welt – und haben doch verloren. Sobald ein Freund vom Kind ankommt, mit einem simplen Lolli in der Hand.

Das Wochenende in New York brauche ich also nicht aus der Tasche zu ziehen, wenn die Kinder nicht mehr mitwandern wollen.

Nein, ich erhöhe doch nicht laufend meinen Einsatz. Weil ich damit völlig missachte, was die Jugendlichen eigentlich brauchen: Zeit für sich und auch Zeit, um Fehler zu machen.

Der Witz ist ja: Wenn ich sage: »Ich bin zum Essen bei X, wollt ihr mitkommen?«, dann will keiner mit. Wenn ich aber sage: »Ich gehe zu X zum Essen, ihr könnt ja nachkommen, wenn ihr wollt« – dann kommen die Kinder.

Weil sie jetzt völlig frei sind in dem, was sie tun! Die merken auf nonverbaler Ebene genau, ob sie manipuliert werden oder nicht. Jugendliche müssen ihre Integrität schützen, das ist der Grundtenor der Beziehung. Wenn wir ihnen die Entscheidung komplett überlassen, wird das als große Entspannung erlebt. Sie merken: Die Mama ist elastisch, das tut allen gut.

Soll man dann gemeinsame Unternehmungen überhaupt noch anbieten?

Ja gerne, natürlich. Es ist ja nicht so, dass jetzt das Kind, das wir die ersten zehn Jahre erlebt haben, gestorben ist. Nur ist jetzt gerade ein anderes Kind da, eins, das gern erwachsen werden und sich lösen möchte von Fremdbestimmung.

44 Du und ich und die Kinder

Wie bleiben wir trotz Familie ein Paar? Und als dieses Paar im Zentrum der Familie?

Wie kann man dafür sorgen, dass man ein Paar bleibt, wenn man Eltern geworden ist?
Ganz einfach, man sagt: Jetzt sind wir zu dritt, zwei Erwachsene und ein Baby. Das heißt: Jetzt gibt es drei Menschen auf diesem Planeten. Und wir Eltern waren zuerst da.
Aber der kleine Zwerg nimmt sehr schnell zu Hause die Fäden in die Hand. Einfach, weil er unsere Hilfe braucht!
Der Zwerg ist vielleicht im ersten Jahr deshalb im Zentrum, weil er gestillt werden muss. Und weil die Eltern das Elternsein erst lernen müssen. Aber dann muss eine Rückbildung auch der Familienordnung stattfinden. Das Kind bekommt einen angemessenen Platz – und sollte dann nicht mehr im Mittelpunkt der Aufmerksamkeit stehen.
Früher sind Kinder einfach gekommen. Oder man hat sie gekriegt, um eine Altersversorgung zu haben. Heute kommen vorwiegend Wunschkinder zur Welt, dann, wenn sie in den Lebensplan der Eltern passen. Das ist für die Kinder schöner, einerseits. Andererseits werden sie oft zum Lebensinhalt der Eltern.
Das ist eine Überhöhung, die dem Kind nicht guttut. Wenn wir alle Wünsche und Bedürfnisse auf unsere Kinder projizieren, dann überfordert das die Beziehung. Dem Kind geht es am besten, wenn es einfach mitlaufen, dabei sein kann.
Die Beziehung als Paar: Auf welcher Haltung fußt die?
Ich und du, wir schaffen das, wir sind mehr als die Summe unserer

Einzelteile. Mit uns ist ein Drittes möglich, das kann das Kind sein, aber auch jedes andere gemeinsame Interesse. Man schafft zu zweit etwas, was alleine nicht geht.

Eine Beziehung kann leider schnell Gewohnheit werden, vor allem, wenn Kinder da sind.

Ja, und es ist ja auch so, dass stabile Zustände uns beruhigen. Aber die Wirklichkeit sieht anders aus. Wir sind, wie Goethe schon gesagt hat, nicht fertig wie Drechselpuppen, wir sind die ganze Zeit im Werden. Alle paar Monate erneuern sich unsere Zellstrukturen, nach ein paar Jahren ist keiner mehr, der er war.

Beziehung, sagt man ja immer, ist Arbeit. Worin besteht die vor allem?

Es geht vor allem um einen selber, darum, sich selbst kennenzulernen. Indem man sich beobachtet, sich zuhört, anderen zuhört, wie sie einen wahrnehmen. Und indem man versucht, aus jeder Situation, in die wir kommen, zu lernen. Zu tanzen mit den Umständen – und schlauer aus ihnen hervorzugehen.

Ich glaube, wir reden zu wenig über unsere Vorstellungen von Familie. Jeder meint ja zu wissen, wie Familie funktioniert. Weil ja jeder eine daheim hat.

Aber Familie ist eben nicht Familie. Man ist mit der Kultur, aus der die Partnerin kommt, nicht vertraut, man kann nicht wissen, was in ihrer Familie üblich war. Es ist wirklich eine gute Idee, sich darüber schon während der Schwangerschaft auszutauschen. Mit dem Gedanken im Hinterkopf: richtig und falsch gibt es nicht. Aber es gilt herauszufinden, was ist für mich verhandelbar, was nicht.

Oft verwechseln wir den Partner mit dem eigenen Vater, dem Bruder, die Partnerin mit Mutter oder Schwester. Wie kann man das merken? Und stoppen?

Indem man freundlich darauf hingewiesen wird: Du reagierst nicht auf mich, du reagierst in einer Intensität, die unserem Verhältnis nicht entspricht.

Oft will man auch, dass der andere sich ändert. Endlich mit dem Rauchen aufhört! Ein bisschen großzügiger wird!
Das kann man doch so sagen: »Ich halte deine Raucherei nicht mehr aus!« Dabei ist das Problem, das man mit dem Rauchen hat, ja ein Symbol für eine Entwicklung in der Beziehung, die nicht mehr frisch verliebt ist. Dort ist jetzt das echte Leben eingekehrt.
Wenn das Paar nicht mehr im Zentrum ist, ist man zu sehr auf die Kinder fokussiert. Die müssen dann glücklich sein!
Das ist eine große Überforderung für die Kinder. Wobei es natürlich legitim ist, sich zu wünschen, dass es den Kindern gut geht. Man kann sich ja vielleicht so ausdrücken: »Dein Glück ist mir wichtig, aber du musst es selbst definieren.«
Wie können Eltern ihre Paarbeziehung lebendig halten?
Indem sie einander ab und zu überraschen. Mal einen ungeplanten Urlaub machen. Oder auch regelmäßig weggehen einmal die Woche – und einen Babysitter buchen für die Kinder. Es ist toll, wenn Eltern ihr Eigenleben pflegen. Wenn es eine Kultur ist in der Familie, dass die Erwachsenen sich austauschen und zusammensitzen. Das Warme der Stimmung ist für Kinder unheimlich anziehend.
Man kann also sagen …
… je besser es den Eltern geht, umso besser geht es auch den Kindern. Meist ist es so, dass Eltern sich nur deshalb in Schulthemen hineinsteigen, weil sie vergessen haben, sich um sich und ihre Partnerschaft zu kümmern. Dann werden plötzlich die Kinder zu wichtig.
Man muss sich als Paar in Erziehungsfragen nicht immer einig sein. Aber es macht die Sache leichter, oder?
Sich einig zu sein, das ist keine große Kunst. Die Kunst besteht darin, trotz Uneinigkeit einen Weg zu finden.
Wie geht man damit um, wenn man sich nicht einig ist?
Man kann doch sagen: »Ich find's unmöglich, wie es die Mama

macht, aber sie entscheidet das jetzt.« Man kann auch sagen: »Da muss ich noch mit dem Papa streiten, ich will nicht, dass es gemacht wird, wie er denkt.« Wenn es nur um die Sache geht und nicht darum, den anderen falsch zu machen dafür, wie er die Sache sieht, sollte das kein großes Problem sein.
Ist es das Ziel eines solchen Gesprächs, auf eine Linie zu kommen?
Überhaupt nicht. Ziel ist, dass man die Standpunkte austauscht, dass jeder sozusagen die Sprache des anderen lernt und wieder ein Stück mehr von seinem Denken mitbekommt.
Das Paar im Zentrum mutet quasi seine Art zu leben auch dem Kind zu.
Genau. Und versucht nebenbei herauszufinden, welche Art Kind es eigentlich bekommen hat.
Meist ist aber im Alltag nur ein Elternteil mit dem Kind beschäftigt. Dann ist es nicht mehr so leicht, als Paar im Zentrum zu bleiben.
Man muss als Paar diese Phase der Bewusstlosigkeit, in die man fällt, wenn ein Kind auf die Welt gekommen ist, überleben. Die Eltern müssen sich die Autorität über ihr Leben zurückerobern. Und sich nicht vom Kind die Lebensabläufe diktieren lassen. Was auch heißt, dass man nicht bei jedem Pieps zum Kind rast.
Viele finden ihr Leben aber nicht so toll. Die kriegen ja überhaupt erst Kinder, um ihr Leben aufzuwerten – und die Partnerschaft auch.
Das ist der Anfang vom Ende, wenn ich ein Kind bekomme, um meinem Leben einen Sinn zu geben. Da kriegt das Kind eine Dimension, in die es nicht reingehört. Ich muss meinen Sinn im Leben selber finden und ihn keinesfalls auf den Partner oder das Kind projizieren.
Also ist es gut, wenn die Kinder in mein Leben gar nicht so hineingezogen werden?
Wenn die Eltern für sich sorgen, sind die Kinder frei von den El-

tern und unbelastet und müssen nicht was werden. Das ist die beste Voraussetzung dafür, dass auch die Kinder ihr Glück finden.
Eltern, die im Zentrum stehen und sich ernst nehmen, muten ihrem Kind auch mal zu, zu warten.
Ja, unbedingt. Man wirft nicht gleich sein eigenes Leben und Tun weg, nur weil Geplärre aus der Kinderwiege kommt. Sondern wenn ich weiß, es liegt kein Notfall vor, mache ich fertig, womit ich eben beschäftigt bin, gleichzeitig kündige ich das auch an: »Ich bin hier noch mit der Bluse beschäftigt, dann komme ich!« Die Kinder merken, dass sie gesehen werden, gleichzeitig lernen sie, zu warten. Und ihnen wird eben nicht signalisiert: Ich kann meine Eltern nach Belieben steuern!
Wie weit können wir einen anderen Menschen überhaupt verstehen?
Es ist meiner Ansicht nach nicht Ziel einer Beziehung, den anderen zu verstehen. Wir sollten aufhören, das überhaupt zu wollen, Männer und Frauen können einander nicht verstehen, das ist ein unsinniges Unterfangen.
Was fängt man dann miteinander an?
Mann und Frau sind die zwei Hälften eines Kugelwesens, das mal eins gewesen ist und dann auseinandergefallen ist. Diese Beschreibung der alten Griechen finde ich schön. Es ist unmöglich, das Wesen der anderen Hälfte zu verstehen. Und erst recht ist es unnötig, sich der anderen Hälfte anzugleichen. Im Gegenteil – dann ergäbe man kein Ganzes mehr. Was wir tun können: die andere Hälfte zu nehmen, wie sie ist.

45 Ich werde dich verlassen!

Wie trennt man sich, ohne zu viel Schaden anzurichten?

Inzwischen scheitert jede zweite Ehe. Trennen sich Eltern zu früh?
Nein. Eltern trennen sich, wenn es keine Hoffnung auf Wachstum mehr gibt. Das Zusammenbleiben auf Gedeih und Verderb, bis dass der Tod euch scheidet, ist eine Erfindung aus einer Zeit, in der die Menschen nur 40 Jahre alt wurden. Unser Leben umfasst jetzt 60, 70 partnerschaftsfähige Jahre. Die Vorstellung, die mit nur einem Partner zu verbringen, ist absurd. Die Formulierung »scheitern« halte ich in dem Zusammenhang übrigens für überholt.
Aber soll man, wenn man Kinder hat, nicht alles dafür tun, dass man zusammenbleibt?
Sie können tun, was Sie wollen, wenn die Liebe erloschen ist oder einer von beiden nicht mehr wachsen kann in der Beziehung, macht es doch keinen Sinn mehr, zusammenzubleiben. Ich habe ohnehin eine eigenwillige Sichtweise der Dinge. Ich finde, egal, ob man geschieden oder getrennt ist: Als Familie bleibt man immer heil.
Na ja.
Doch! Weil meine Kinder immer meine Kinder bleiben, daran ändert sich doch nichts, nur weil die Mutter der Kinder und ich keinen gemeinsamen Wohnsitz mehr haben. Diese heile Kernfamilie bleibt immer erhalten. Und wenn was Schlimmes passiert, wenn die Tochter sich den Arm gebrochen hat, dann wird genau diese Familie spürbar.
Aber die Familie ist nicht mehr heil, wenn einer ausgezogen ist. Das

redet man sich doch nur schön. Kinder vermissen den, der nicht da ist.
Die Kinder wollen die Trennung deshalb nicht, weil sie beide Eltern brauchen. Weil sie von beiden Eltern abstammen. Das ist das Wesen der Familie. Aufgabe der Eltern ist, das zu akzeptieren, die Trennung so hinzubekommen, dass es möglich ist, diese Kernfamilie weiterhin zu leben und möglich zu machen.
Viele Paare schlittern, obwohl sie es vermeiden wollen, in einen Rosenkrieg.
Die Kunst ist, sich in Liebe zu trennen. Im Augenblick der Trennung nicht zu vergessen, was man Schönes hatte als Paar. Es ist ja auch nicht so, dass von der Liebe, wenn man sich trennt, gar nichts mehr übrig ist. Vielleicht ist nur noch ein Prozent der alten Liebe da, vielleicht sind es aber auch noch 60 Prozent. An die muss man sich jetzt halten.
Die Wahrheit ist aber doch, dass, wenn Vater oder Mutter zu Hause ausgezogen ist, er/sie im Alltag einfach fehlt. Überall.
Die heile Familie existiert im Herzen der Menschen. Die Kinder wissen, sie bleiben immer Kinder ihrer Eltern, das ist doch eine unglaublich starke Verbindung. Die geht nicht unbedingt kaputt, nur weil man nicht mehr zusammenlebt. Und diese Kernfamilie bleibt in den Herzen der Beteiligten auch immer Nummer eins, alle anderen kommen erst an vierter, fünfter Stelle. Das wird einem dann sehr schnell klar, wenn man einen neuen Partner findet, der auch Kinder hat.
Gibt es einen besonders häufigen Grund, aus dem Paare sich trennen?
Alle Paare, die sich trennen wollen und zu mir in die Beratung kommen, sagen, dass sie in der Beziehung zu viel kooperiert und zu wenig für ihre Integrität gesorgt haben.
Die Leidtragenden sind dann die Kinder. Mit dem nächsten Partner klappt es vielleicht auch nur vier, fünf Jahre. Macht man es sich in vielen Fällen nicht zu leicht? Kann man Liebe nicht auch lernen?

Ist es denn das Ziel von Familie und Beziehung, eine heile, ideale Welt zu simulieren? Beziehungen sind Wachstumsveranstaltungen, keine Harmonieveranstaltungen. Wenn Wachstum nicht mehr möglich ist, vergehen Beziehungen. Liebe heißt, sich gewogen zu bleiben, auch über die Differenzen hinaus. Manche lernen das.

Woran merkt man überhaupt, dass man nicht mehr wächst?

Man wiederholt sich. Man hat die Hoffnung verloren, dass sich was ändert. Und findet plötzlich diese eine Kollegin sympathisch, man öffnet sich innerlich für andere.

Wie geht man die Trennung liebevoll an?

Eigentlich ist es mit einem Satz getan. Ich sage dem anderen: »Ich werde mich trennen, aber ich tue nichts, was dir, mir oder den Kindern schadet.«

Die Antwort wird dann sein: »Aber genau, indem du dich von mir trennen willst, schadest du mir.«

Man kann das jetzt drehen und wenden, wie man will. Es ändert doch nichts. Beide sind mit 50 Prozent an dieser Beziehung beteiligt, beide haben diese Form des Zusammenlebens zusammen erschaffen. Das Schwierige ist natürlich: Der, der sich trennt, hat sich oft zwei Jahre mit dem Thema auseinandergesetzt. Er hat es x-mal überlegt. Den anderen trifft es unvorbereitet. Man muss ihm Zeit geben, das zu verdauen.

Das ist ziemlich mies.

Nein, das ist eine Tatsache. Vielleicht hätte man ja auch schon etwas ahnen können. Man merkt doch, ob eine Beziehung glücklich ist oder nicht. Wobei man mit diesem ganzen hätte/könnte/dürfte/sollte ja nie weiterkommt.

Und dann hat man den Satz ausgesprochen – und der andere schlägt quer. Da nützt die ganze liebevolle Trennungsabsicht nichts.

Nein, man kann nur für sich garantieren, für den anderen nicht. Wie der reagiert, habe ich nicht in der Hand. Ich kann nur 50 Prozent liefern. Aber man erntet schon auch, was man vorher in die Beziehung einbezahlt hat. Wenn wenig Freundlichkeitskapital da ist, erntet man Hass, das volle Paket, und Wut.

Es kann auch sein, dass in dieser Extremsituation Seiten am anderen zum Vorschein kommen, die habe ich so noch nicht kennengelernt.

Ja. Was beiden einfach sehr guttut, ist, wenn irgendwann im Lauf dieser schweren Zeit Platz ist, Wut und Trauer darüber hochkommen zu lassen, dass man es zusammen nicht geschafft hat. Das ist ein Moment, in dem man sich in seinem Schicksal noch einmal verbünden kann.

Kann überhaupt ein Mensch das Leben eines anderen kaputtmachen? Das kommt ja dann oft als Vorwurf.

Das ist Quatsch, eine Übertragung ersten Ranges. Ich lasse mir doch von anderen mein Leben nicht kaputtmachen, ich bin viel souveräner.

Man könnte dem anderen vorwerfen: »Du hast mir vorgegaukelt, du würdest mich immer lieben, ich bin dir auf den Leim gegangen.«

Wer setzt denn die Bedingungen, der Papst in Rom? Ich wäre doch nichts als ein Aufschneider, wenn ich am Tag meiner Hochzeit sagen würde: »Ich werde dich immer lieben!« Ich weiß doch nicht, wie der andere in fünf Jahren ist! Und auch nicht, wie ich in fünf Jahren ticke. Das Einzige, was ich aus ehrlichem Herzen sagen kann, ist: »Ich will mit dir zusammenbleiben, solange es geht.«

Kann man als Paar die Trennung ohne Therapeuten schaffen?

Trennung ist keine Krankheit. Ich habe manchmal das Gefühl, wenn man die Verantwortung dafür an eine Fachperson abgibt, wird man ein bisschen zum Opfer, man gibt auch die Autorität über das eigene Handeln ab.

46 Wir müssen euch was sagen!

Wie erklärt man den Kindern, dass man sich trennt?

Wie sagt man den Kindern, dass man sich trennen wird?
Die wissen oft eh schon, was los ist, die haben Streitereien und die Unzufriedenheit mindestens eines Elternteils ja mitgekriegt. Wichtig ist, ihnen zu sagen: »Wir machen nichts, was euch schadet.« Und dann müssen sie auch wissen, dass sie nichts dafür können, dass es jetzt ist, wie es ist: »Es ist nicht euer Fehler, wir haben es nicht besser geschafft.«
Aber die Kinder wollen von einer Trennung nichts wissen. Die halten sich die Ohren zu und weinen.
Weil sie die Eltern so sehr brauchen. Das sagt man ihnen ganz deutlich: »Ich bin als Vater weiterhin für euch da, ich sorge für euch, es geht nicht auf eure Kosten, ihr bleibt immer meine Kinder.« Für die Mutter gilt natürlich dasselbe.
Das stimmt ja in Wahrheit nicht. Das Ganze geht sehr wohl auf Kosten der Kinder.
Eine Trennung sollte meiner Ansicht nach auf Kosten der Erwachsenen gehen. Ich bin ein Befürworter des Nestmodells, bei dem es die Eltern sind, die in die Wohnung der Kinder pendeln. Dann verlieren die Kinder ihr Zuhause nicht und müssen es auch nicht immer wochenendweise aufgeben.
Das Nestmodell ist eine Illusion. Man bräuchte drei Wohnungen. Ein Paar kommt schon an seine Grenzen, wenn es zwei finanzieren muss.
Es ist wenig bekannt, aber trotzdem gibt es einige Familien, die so

leben. Ja, es ist teuer, und ich will damit vor allem sagen: Es stimmt, wir muten unseren Kindern allzu oft zu, dass sie den Preis von Trennungen bezahlen. Das ist nicht fair.

Es ist doch so: Für die Eltern mag die Trennung eine Befreiung sein. Für die Kinder ist sie der Alptraum.

Ja, für die Kinder bricht eine Welt zusammen – und die bleibt kaputt, wenn die Eltern es nicht schaffen, weiterhin zusammenzuhalten, soweit es die Familie betrifft. Das hinzukriegen erwarte ich von allen Eltern, die sich trennen. Aber man muss schon auch überlegen: Was wäre denn die Alternative? Die Zähne zusammenzubeißen und weiterzumachen, eine Beziehung zu ertragen, in der ich mich nicht wohlfühle – nur um meiner Familie diese schlimmen Momente zu ersparen? Das fände ich viel furchtbarer. Meine Erfahrung ist, dass man davon krank wird.

Erst einmal wirft die Trennung alle aus dem Gleis. Der, der sich trennt, kämpft mit seinen Schuldgefühlen, der, von dem man sich trennt, ist verzweifelt, die Kinder haben Angst. Nur Heilige würden das hinkriegen ohne größere Erschütterungen.

Kinder spüren die Anspannung zweifellos, eine Trennung ist ein Riesending für alle. Aber man kann es durchaus gut hinkriegen, ich spreche aus eigener Erfahrung.

Darf ich den Kindern auch zeigen, dass mich die Trennung erleichtert? Oder muss ich so tun, als sei auch ich nur noch verzweifelt?

Nein, auf keinen Fall. Sie können doch ruhig sagen, dass Sie froh sind darum, wie es jetzt ist. Dann kommt von den Kindern: Warum? Und dann sagen Sie: »Weil ich es nicht mehr ausgehalten habe.«

Dann wollen die Kinder natürlich wissen, was ich nicht mehr ausgehalten habe.

Dann sagt man die Wahrheit, aber man redet nur von sich. Je nachdem, was eben der Fall war, sagt man: »Die Beziehung war mir viel zu eng.« Oder: »Ich brauche mehr Kommunikation, und ich habe gelernt, dass der Papa das nicht kann. Ich habe es nicht ausgehalten, dass ich so viel allein war.«

Soll man sich ungefragt erklären oder warten, bis die Kinder fragen?
Warten, bis die Kinder fragen. Die Gründe für die Trennung sind für sie erst mal nicht wichtig. Zunächst wollen sie nur wissen, dass sie auf der sicheren Seite sind, die haben existenzielle Ängste.

Ich darf den Ex-Mann also vor den Kindern durchaus auch kritisch sehen?
Alles andere wäre doch nur gelogen. »Ich liebe das Klavierspiel vom Papa, aber ich hasse seine Sauferei!« Warum nicht? Sie haben sich schließlich von ihm getrennt. Natürlich fange ich nicht an, wahllos auf den Partner zu schimpfen.

Dann würden die Kinder ihn ja auch gleich verteidigen.
Da träte sofort ihr Solidaritätsreflex in Erscheinung. Wer seinen Ex-Partner vor den Kindern in die Pfanne haut, der beleidigt damit auch die Kinder. Das ist idiotisch, und damit muss man unbedingt aufhören. Man muss es schaffen, diese Gefühle dort hinzubringen, wo sie sich nicht mehr giftig auf einen selbst auswirken.

Im Nachhinein denken viele vielleicht, sie hätten mehr für die Beziehung kämpfen sollen. Man hat sich schnell getrennt.
Bei solchen Überlegungen lässt man so leicht außer Acht, wie man sich damals, vor der Trennung, gefühlt hat. Im Nachhinein fühlt es sich vielleicht so an, als hätte man eine Wahl gehabt. Aber das ist doch meist nicht so. Wer einen solchen Schritt wagt, hat in der Regel gute Gründe. Die persönliche Freiheit ist das höchste Gut, das wir besitzen.

In Wahrheit kann man auch nur zu zweit sein, wenn man allein ist.
Ich sage gerne: Ich will frei voneinander und damit frei füreinander sein.

Kinder passen sich im Fall einer Trennung ja gern an und werden superbrav.
Kinder denken oft, dass sie an der Trennung schuld sind. Wenn

ich nicht da wäre, glauben sie, wären Mama und Papa noch zusammen. Sie würden sich selber opfern, damit das Ideal der heilen Familie erhalten bleibt. Ich habe mal von einem Mädchen gehört, das abends immer stocksteif und still im Bett lag, weil es dachte, wenn es das tut, kommen Mama und Papa wieder zusammen. Dabei war dieses Mädchen eigentlich ein richtiger Wildfang!

Wie kann man den Kindern da heraushelfen?

Indem man ihnen sagt: »Ihr seid nicht schuld daran, dass wir uns trennen!«

Reicht es, das zu sagen?

Man muss es auch leben. Die Kinder sind jetzt natürlich hellwach und passen auf, wie sich zu Hause die Strukturen ändern. Die wollen rauskriegen, ob der Papa jetzt strenger oder lockerer ist, wie es sein wird in Zukunft.

Der Entwicklungspsychologe Kurt Kreppner hat im Rahmen einer Langzeituntersuchung mit 47 Normalfamilien und 20 Alleinerziehenden festgestellt, dass sich in Familien, deren Eltern sich getrennt haben, die pubertierenden Kinder viel angepasster verhalten. Sie wollen nicht riskieren, den zweiten Elternteil auch noch zu verlieren.

Das sage ich immer den Eltern, die sich Sorgen machen um ihre pubertierenden Kinder: Es ist ein Privileg, wenn Kinder sich trauen, über die Stränge zu schlagen. Natürlich in einem bestimmten Rahmen. Die können sich das erlauben, ohne Angst haben zu müssen, dadurch die Familie zu sprengen. Wenn dagegen die Erwachsenen schon im Alltag oft an ihre Grenzen kommen, kooperieren die Kinder eher. Und liefern weniger Irritierendes.

Gesund klingt das nicht gerade.

Es ist immer dann schlechter, wenn man es an der Idealfamilie misst. Aber diese Idealfamilie hat es nie gegeben. Wir sind, so gut wir sein können.

Die Frage ist schon auch, ob das reicht.

Natürlich! Weil nicht mehr geht. Die Idee: »Ich hätte es idealer machen müssen«, die hauen Sie bitte in den Müll. Wir sind alle nicht genug. Nicht einmal vielfach idealisierte Persönlichkeiten wie Alice Miller, Rousseau, Bettelheim oder Maria Montessori, die so viel Tolles gesagt haben in der Theorie, haben es geschafft, ihre Ideale auch in der Praxis zu leben.

Warum eigentlich nicht? Warum ist es so schwer, was man weiß, auch umzusetzen? Auch Erich Kästner, der größte Anwalt der Kinder, hatte ein schlechtes Verhältnis zu seinem Sohn.

Hier eine Antwort zu versuchen, wäre fast anmaßend, finde ich. Jeder versucht immer sein Bestes, wir lernen auch dazu.

Wie kann man Kindern helfen, die Trauer über das Auseinanderbrechen der Familie zu bewältigen?

Indem man ihnen überhaupt erlaubt, den Wegfall des alten Familienmodells zu betrauern. Trauer und Tränen spülen auch den Schmerz weg, es ist nicht schlimm, wenn geweint wird. Im Gegenteil. Wenn die Kinder dann aber mit der Zeit merken, dass beide Elternteile aufatmen, dass es allen besser geht: Dann macht die Trennung auch für sie durchaus Sinn.

Das stimmt: Zwei Eltern, die sich ständig streiten, sind für Kinder eine große Belastung.

Noch schlimmer allerdings sind Eltern, die geschieden sind und weiterstreiten.

Ist es hilfreich, den Kindern zu sagen: »Ich weiß, dass die Trennung euch viel abverlangt, so ist es leider?«

Ja, finde ich schon. Man muss den Kindern zumuten, dass es anders gekommen ist, als man ursprünglich gedacht hatte. Was man ihnen, wie gesagt, nicht zumuten sollte, ist, dass sie den Preis dafür zahlen.

47 Dieses Wochenende seid ihr beim Papa!

Wie läuft der Alltag gut trotz Trennung?

Die Gefahr ist groß, als alleinerziehende Mutter mit den Kindern zu verschmelzen – und den nicht anwesenden Elternteil auszugrenzen.
Die Verführung, das Kind als Partnerersatz zu benutzen, ist sehr groß. Man muss sich darüber klar werden als Alleinerziehender. Letztlich ist das natürlich dadurch lösbar, dass man sich wieder einen neuen Partner sucht. Dafür muss man aber erst einmal frei werden vom vorherigen Partner. Und das dauert seine Zeit.
Wie lange kann sich das hinziehen?
Meiner Erfahrung nach zehn Jahre und mehr. Man kann nicht einfach einen Partner durch den nächsten ersetzen. Zunächst muss man sich seiner Trauer stellen, dass die Beziehung, aus der auch Kinder entstanden sind, nicht funktioniert hat. Erst wenn man das bewältigt hat, kann man sich einer neuen Beziehung auf Augenhöhe stellen.
Der, der sich getrennt hat, leidet oft unter schlechtem Gewissen. Dann will man es sich und den Kindern umso schöner machen.
Das ist dann das, was Sie mit Verschmelzen bezeichnet haben. Es ist, wie wenn zwischen Kindern und Elternteil Klebstoff angebracht wird. Da wird keiner glücklich dabei, man denkt sich: Wir haben es gut hingekriegt, wenn wir alle lieb sind. Aber das ist trügerisch. Frieden ist mehr als die Abwesenheit von Krieg, Frieden muss man sich erarbeiten.
Wie kann man also vermeiden, dass Kinder in eine erwachsene Position rutschen, weil ein Erwachsener zu Hause fehlt? Oder anders-

herum gefragt: Wie kann man ihnen ermöglichen, weiter Kinder bleiben zu dürfen?
Meine ständige Medizin ist Bewusstwerdung. Es muss einem klar sein, dass da eine Falle droht, in die man nur allzu schnell hineinrutscht. Wichtig ist, dass man eine Haltung findet, aus der heraus man sich den Kindern gegenüber nicht alleine fühlt. Denn der Vater ist ja nicht verloren gegangen, er wohnt jetzt nur woanders. Man sollte eine Kultur entwickeln, in der die Erwachsenen einander erzählen, was sie belastet in Bezug auf die Kinder, und auch was schön ist und gut läuft.
Diese Kultur ist von Anfang an wahrscheinlich in den seltensten Fällen möglich. Und erst einmal dürfte es sich wirklich so anfühlen: Ich bin ganz allein hier und jetzt mit den Kindern und muss das meistern!
Ja, aber von der Position will ich auf Dauer weg. Deshalb ermuntere ich auch getrennte Paare, in ihren Wohnungen Fotos vom Ex-Partner aufzustellen. Der ist ja in Bezug auf die Kinder immer noch präsent. Diese Familie gibt es noch.
Hilft es auch, wenn ich den Kindern sage: »Ihr seid nur meine Kinder, die Erwachsene bin ich, und Erwachsenenthemen bespreche ich mit anderen Erwachsenen, da sorge ich für mich?«
Es ist gut, wenn die Kinder das erfahren. Man lässt sie damit innerlich gehen. Sie müssen weiterhin Kind sein dürfen, alles andere überfordert sie nur. Es sind oft die überangepassten Kinder, die auch, wenn sie woanders sind, so vorbildlich auftreten, die zu Hause die Rolle eines Erwachsenen übernommen haben. Erst denkt man, wie wohlerzogen die sind, und eigentlich sind sie genauso, wie wir uns das Idealkind vorstellen. In Wahrheit haben sie keine Wahl.
Soll ich dann als Alleinerziehende meine Sorgen gar nicht den Kindern mitteilen? Damit sie nicht in die Rolle des falschen Partners rutschen?

Wenn Sie fertig sind mit der Welt, können Ihre Kinder das ruhig erfahren. Die können ruhig hören, wie unglücklich Sie sind, dass Sie Sorgen haben. Und am nächsten Morgen sagen Sie dann vielleicht: »Gut, gestern hab ich mal die Katze aus dem Sack gelassen, so geht es mir gerade, aber ich glaube, dass sich das schon wieder richten wird, und wenn nicht, hole ich mir Hilfe. Ihr braucht euch darum nicht zu kümmern.«

Also lässt man nicht die Aufforderung mitschwingen: »Bitte schont mich, ich bin am Anschlag.«

Nein, im Gegenteil, Sie können den Kindern eher sagen: »Schonen braucht ihr mich deshalb aber nicht, ich bin gerade ein armes Würstchen, wie jeder immer mal wieder, aber das wird nicht immer so bleiben.« Wenn man dazu stehen kann, hat man schon die größte Lebensweisheit geschafft. Eine Schwäche zugeben zu können, macht einen stark.

Oft ist gar nicht entscheidend, was man sagt oder tut. Sondern was man denkt. Die Kinder merken das.

Die Kinder spüren die innere Haltung von Mutter und Vater und reagieren darauf. Und unser Job als Erwachsene ist es, aus einer oft eher bedürftigen Haltung zu einer eher ausgeglichenen zu kommen. Wenn ich das nicht alleine zu schaffen glaube, hole ich mir Hilfe.

Die Kinder wollen ja nicht, dass man wieder einen Partner findet. Soll man also so tun, als würde man gar nicht suchen – wenn man sich doch schon umschaut?

Bitte nicht, sagen Sie bitte den Kindern die Wahrheit: »Ich wünsche mir so sehr einen neuen Partner, die zweite Hälfte in meinem Bett ist für einen neuen Mann reserviert!« Und dann fügen Sie hinzu, weil es wichtig ist für die Kinder: »Aber ihr bleibt auf jeden Fall die Nummer eins!«

Man wird eh kaum vorhaben, dass zu Hause der nächste einzieht.

Das ist auch etwas, wovor ich nur warnen kann. Ich würde nie zu einer Frau mit Kindern ziehen, in deren Wohnung. Da kann man nur verlieren. Menschen sind ja nicht wie Gegenstände, die man einfach austauschen kann.

Man kann es drehen und wenden, wie man will: Wenn man alleine ist mit Kindern, wird man bedürftiger. Man ist angewiesen darauf, dass die Kinder kooperieren.

Davon sollte man unbedingt wegkommen! Diese Einstellung ist auch eine Idealisierung der normalen Paarbeziehung. Die meisten Paare leben gar keine Beziehung auf Augenhöhe, in vielen Fällen binden sich Menschen beim ersten Mal an jemanden, der dem gegengeschlechtlichen Elternteil gleicht. Der Mann sucht sich eine Frau, die ihn an die Mutter erinnert – und die er gern dann auch so behandelt. Fachleute aus der systemischen Familientherapie sagen: Im Bett eines Paares liegen in der Ritze auch immer noch die Eltern beider Partner.

Gruselige Vorstellung.

Es schaffen wirklich nur wenige Paare, eine gelöste Beziehung zu leben. Erst recht, wenn Kinder da sind. Da stehen dann nämlich die Kinder im Zentrum, und die Eltern tummeln sich am Rand und vergessen sich als Paar.

Eigentlich sollte das Paar im Zentrum stehen.

Natürlich, und die Kinder sind drumherum. Das kann man als Alleinerziehende auch schaffen, vielen Künstlern gelingt das. Die positionieren sich dann eben mit der Begeisterung für ihre Arbeit im Zentrum. Und das tut allen Beteiligten gut.

Oft überkooperieren die Kinder von Alleinerziehenden auch. Wie kann man das vermeiden?

Indem man sich ganz schnell einen Partner sucht. Damit meine ich: dass man gut für sich selbst sorgt! Die Kinder halten ja deshalb so still, weil sie meinen, die Mutter oder der Vater seien frisch operiert.

Der Punkt ist im Leben von Alleinerziehenden: Wenn die Eltern

noch zusammen sind, überlegen sie vielleicht, ob sie abends mal wieder Gäste einladen sollen. Dann treffen sie eine Entscheidung und ziehen sie durch, die Kinder sind dabei oder nicht, je nachdem. *Als Alleinerziehende kommen Sie in Versuchung, die Kinder zu fragen: »Sollen wir mal wieder die und die einladen?« – einfach deshalb, weil sonst niemand da ist, den Sie fragen können. Dabei muss man diese Entscheidung unbedingt alleine treffen! Sonst überfordert man die Kinder und macht sich völlig abhängig von deren Befindlichkeiten. So kommt man schnell in eine Schieflage.*
Das sehe ich auch so, und es ist wichtig, dass man diese Entwicklung bei sich erkennt. Vielleicht spricht man dann die Einladung aus, aber es hat keiner Zeit, und man fühlt sich sehr allein. Das kann auch passieren.
Das ist ein weiterer Vorteil der Verschmelzung mit den Kindern: Man muss das Alleinsein nicht aushalten. Es ist doppelt trügerisch, die Kinder wie Partner zu behandeln.
Und das ist so schnell passiert. Die Kinder wehren sich nicht, die spielen mit, aus Liebe. Dann haben sie zu große Schuhe an – da muss man ja stolpern.
Gleichzeitig fühlen sie sich vielleicht auch geschmeichelt, weil sie merken: Ich bin so wichtig, dass die Mama mir ihre Sorgen erzählt!
Genau, und da tut es dann wieder gut, die Rollen zurechtzurücken. Den Kindern zu sagen: »Ihr seid hier nur die Kinder! Ihr dürft euch auch so benehmen!«
Es ist einfach schwer, sich als alleinerziehender Erwachsener unabhängig zu machen von den Kindern, denen man die Freiheit lassen muss, Kinder zu sein!
Die beste Lösung, die ich bisher gefunden habe, ist es, bessere soziale Gemeinschaften zu etablieren. Wir haben keine Großfamilien mehr, wir brauchen neue Interessengruppen, Menschen, die sich zusammentun, um zusammen zu leben. Das bringt dem Einzelnen ganz viel Lebensqualität, das könnte eine Alternative

dazu sein, sich alleine durchzuschlagen. Getreu dem afrikanischen Sprichwort, dass es ein ganzes Dorf braucht, um ein Kind zu erziehen.

Reicht es, wenn ein Vater seine Kinder jedes zweite Wochenende sieht und die Hälfte in den Ferien, wie es üblicherweise geregelt ist – um eine stabile Beziehung zu den Kindern aufzubauen?
Mir wäre es zu wenig. Ideal fände ich, wenn die Kinder kommen könnten, sooft sie wollen.

Das heißt, die Wohnorte müssten so gewählt werden, dass die Kinder pendeln können nach eigenem Wunsch?
Ja, wenn das möglich ist. Wir müssen bei all diesen Überlegungen bedenken, dass es wir Erwachsenen sind, die die Spielregeln festlegen, die Kinder machen dann mit. Die kooperieren auf Teufel komm raus und machen alles, um dazugehören zu dürfen. Es ist furchtbar, was man da den Kindern zumutet.

Soll man Kinder mitentscheiden lassen, wie oft sie den Elternteil, der ausgezogen ist, sehen wollen?
Ja, man soll sie fragen. Und muss dann aushalten, wenn sie sagen: »Bitte zieht wieder zusammen!« Man sollte die Lösung anstreben, die die Kinder am wenigsten schädigt.

Es gibt immer mehr Eltern, die die Kinder ganz gerecht aufteilen. Die sind dann eine Woche bei der Mama, eine beim Papa.
Ich glaube, das ist eine Riesenbelastung für die Kinder. Und für die Eltern auch. Die Kinder kommen ja mit dem Wind des Ex-Partners zum anderen Elternteil, jeder hat einen anderen Erziehungsstil, die Kinder müssen sich ständig umstellen. Und die Mama wirft ihnen vor, dass sie beim Papa so viel Schokolade essen. Beim Austüfteln solcher Regelungen tut man oft so, als wären die Kinder ein Besitz, bei dem es jetzt darum geht, ihn gerecht zu verteilen. Aber die Kinder gehören nur sich selbst.

Wochenend-Vätern wird oft von den Müttern vorgeworfen, dass sie die Kinder nach Strich und Faden verwöhnen, ihnen alles erlauben.

Sie würden sich nicht mehr die Mühe machen, sich mit den Kindern auseinanderzusetzen.
Man hat sich ja getrennt, weil man nicht kompatibel ist. Jetzt wegen unterschiedlicher Erziehungsansichten im Hass steckenzubleiben, halte ich für keine gute Idee. Hass ist bester Klebstoff. Dann bin ich mit dem Ex-Partner im Unglück verbunden statt im Glück getrennt. Also: Man sagt nichts.
Sollen sie selbst entscheiden dürfen, wenn sie älter sind, bei wem sie wohnen? Wenn der Sohn dann plötzlich zum Papa ziehen will?
Dann lassen Sie ihn bitte unbedingt gehen, und zwar ohne Zorn im Herzen. Nicht mit Leidensmiene, mit Wehmut natürlich schon. Und die Tür halten Sie ihm auch immer offen, er muss wissen, dass er jederzeit zurückkann. Es ist wichtig für ihn, seinen Vater zu erleben, wie er ist. Aber man muss es auch aushalten, wenn der Sohn sich dort pudelwohl fühlt.

48 Kinder, das ist Harry, ich habe mich in ihn verliebt!

Wie stelle ich den Kindern meinen neuen Freund vor?

Wann soll man den Kindern den neuen Partner vorstellen?
Wenn man sich ziemlich sicher ist, dass es mit ihm klappen könnte.
Wie geht man das am besten an?
Ich würde ein Treffen auf neutralem Boden empfehlen. Etwa ein Essen in einem Lokal.
Wenn die Kinder kein Interesse an dem/der Neuen haben?
Dann nimmt man das erst einmal zur Kenntnis. Vielleicht verhalten sich die Kinder noch loyal zum anderen Elternteil. Das sollten sie auch dürfen. Vielleicht kooperieren sie auch mit irgendwas in der Familie, mit dem schlechten Gewissen, mit überkommenen Moralvorstellungen. Eigentlich ist ihre Motivation auch egal, wichtig ist jetzt, dass ich als Erwachsener den Kindern gegenüber mit offenen Karten spiele.
Was meinen Sie damit?
Ich sage ihnen, was der Fall ist: »Ich hab mich verliebt, aber mir ist gleichzeitig klar, dass ihr euch deshalb noch lange nicht verliebt habt. Das ist schwierig für mich, denn meine Freundin bringt neue Aspekte in mein Leben, die mir sehr gefallen.«
Als der/die Neue: Wie verdient man sich den Respekt und das Vertrauen der Kinder?
Indem man sich nicht als bessere Mutter/besserer Vater aufspielt. Man benimmt sich als der, der man ist: ein Gast. Man ist als Letzter dazugekommen zur Familie – und stellt sich jetzt auch hinten

an. Man muss sich wirklich den Respekt der Kinder verdienen, das dauert.
Darf man sich in die Erziehung des Partners einmischen als Neue/r?
Das kommt immer darauf an, welche Haltung man damit verbindet. Ich finde es überhaupt kein Problem, zum Partner zu sagen: »Ich würde mir wünschen, dass wir das so und so machen. Dass der Sohn weniger Zeit am Computer verbringt. Wie könnten wir das erreichen, wie siehst du es?«
Darf man die Kinder auch selbst mal ermahnen?
Auch da macht allein der Ton die Musik. Wenn jemand anfängt, den Stiefsohn früh erziehen zu wollen, wird er nur zu hören bekommen: »Du hast mir überhaupt nichts zu sagen, du bist nicht mein Vater!« Das stimmt ja auch. Man sollte damit warten, bis wirklich ein Vertrauensverhältnis entstanden ist. Auch dann reicht es, zu sagen: »Ich will gerne, dass du das so und so machst.« Ich würde mich nicht vom Partner dazu auffordern lassen, dessen Kinder zu ermahnen.
Kann gut sein, dass die Kinder die/den Neue/n mehrmals auf die Probe stellen, indem sie sie/ihn provozieren, oder?
Ja, sie probieren aus: Wie reagiert der? Da ist es gut, wenn man nicht in die Falle geht. Wenn es einem passiert ist, gibt man es auch zu: »Ich bin gerade in eure Falle getappt, aber ihr dürft sicher sein, ich lerne dazu.« Beim nächsten Mal versuche ich, es besser zu machen. Der Witz ist ja auch, das wird an der Stelle wieder sichtbar: Wir können Kinder nicht erziehen. Wir können ihnen nur manches vorleben.
Jesper Juul sagt, wenn es gut läuft, werden Stiefeltern zu Bonuseltern. Die quasi Bonusmaterial in die Familie bringen.
Bonuseltern sind, wenn es gut läuft, eine Erweiterung der Möglichkeiten. Man lernt andere Umgangsformen und Verhaltensmuster kennen, nach dem Motto: »Wir haben es bisher so gemacht, jetzt merken wir, es geht auch anders.«

Darf man von Kindern ein Minimum an Freundlichkeit dem/der Neuen gegenüber einfordern?
Was man zu den Kindern sagen kann, ist: »Meine Freundin kommt heute Abend zum Essen, ich würde mich freuen, wenn ihr ein bisschen freundlich seid.«
Und wenn die Kinder nicht mal aus ihren Zimmern kommen?
Dann lasse ich sie dort. Irgendwann halten sie ihre Neugierde ohnehin nicht aus und holen sich ein Glas Wasser in der Küche. Die sind doch total interessiert, wer da beim Papa sitzt. Dann sagt man hallo zu ihnen – und fertig.
Wenn sie nicht von sich aus kommen, der Besuch sie aber sehen will?
Dann schützt man die Kinder und sagt seinem Besuch: »Lass die mal in Ruhe. Die kommen schon von selbst.« Die Kinder haben ein Recht darauf, so zu sein, wie sie sind.
Also auch Guten Tag müssen sie nicht unbedingt sagen.
Wenn ich von den Kindern verlange, dass sie rauskommen, um den Besuch zu begrüßen, können sie mir allein dadurch schon, dass sie auf dem Zimmer bleiben, die Tour vermasseln. Man soll sie nicht zwingen, mitzumachen. Wozu auch?
Aber auch wenn ich merke, die Kinder wollen den Neuen nicht sehen: Deshalb lasse ich mich noch lange nicht davon abhalten, ihn einzuladen?
Nein, man sagt: »Wir haben es schön miteinander, heute kommt er/sie zum Essen.« Wenn die Kinder merken, die Mama/der Papa ist glücklich, dann freuen sie sich auch. Dann wird ihr Interesse, die Frau kennenzulernen, auch größer. Es ist wie bei einem scheuen Pferd. Man muss am Koppelrand stehenbleiben und geduldig warten, dass es kommt.
Darf man sich über die Kinder des Freundes/der Freundin auch mal ärgern?
Das lässt sich gar nicht vermeiden, man kann doch nicht einfach alles immer runterschlucken. Und man darf das auch formulieren:

»Schade, dass du nicht mitkommst, ich hätte dich gern zum Eis eingeladen.«
Was kann man dafür tun, dass sich Patchwork-Kinder gut verstehen?
Ihnen auch die Freiheit lassen, einander nicht zu mögen. Das ist wirklich reine Glückssache. Ich kann mir wünschen, dass es so gut wie möglich läuft, aber ich muss es nehmen, wie es kommt. Und man ist überhaupt keine schlechte Mutter, nur weil die eigenen Kinder nicht freudig auf die neue Familie zugehen.
Man macht den Kindern den neuen Partner auch nicht groß schmackhaft, oder? Motto: »Der ist total nett.«
Nein, man lässt sie in Ruhe, die Kinder sind nicht per se feindlich eingestellt, die werden nur feindlich, wenn sie auf etwas reagieren. Das Heilmittel ist Zeit und Vertrauen, Freundlichkeit.
Ist es überhaupt ratsam, mit Kindern zusammenzuziehen?
Das kommt auf viele Faktoren an. Ich selbst bin kein großer Freund des Zusammenwerfens zweier Familiensysteme, aber das muss für andere ja nicht stimmen. Wichtig finde ich, dass alle genug Platz haben und sich zurückziehen können.
Regelmäßig einen Familienrat einzuberufen ist in einer Patchwork-Familie wahrscheinlich sehr ratsam?
Man sollte auf jeden Fall ein Forum schaffen, in dem jeder die Möglichkeit hat zu sagen, was ihm passt und was nicht. Allein die Tatsache, dass die Alten das regelmäßig machen, gibt den Kindern schon Stabilität. Die müssen gar nicht immer selbst dabeisitzen.
Ist es eine gute Idee, das Zusammenziehen zunächst als Probelauf zu betrachten? Allen zu sagen: »Wir können das auch wieder ändern!«?
Ja, man sagt: »Wir hoffen, dass es funktioniert, aber wenn es nicht gut geht, müssen wir schauen, dass wir eine andere Lösung finden.«
Wenn die Kinder den neuen Partner dauerhaft ablehnen?
Ich würde das nicht als Ablehnung definieren, sondern als Wah-

rung der eigenen Integrität. Wenn Kinder mich nicht begrüßen, würde ich denken: »Die können gut für sich sorgen.«
Soll man sich zwingen, Weihnachten weiterhin mit dem Ex zu feiern?
Ich glaube, die Ursprungsfamilie bleibt immer heil, das ist das erste Team. Dessen Mitgliedern tut es gut, wenn sie freundlich zueinander sein können. Wenn es allerdings nicht geht, ist es auch besser, man lässt gemeinsame Familienfeiern erst mal sein und versucht nicht, krampfhaft etwas zu inszenieren, was nicht mehr der Realität entspricht. Das schadet dann eher.

49 Tschüss, Großer, pass gut auf dich auf!

Dann sind die Kinder groß und ziehen aus. Und was wird jetzt aus uns, den Eltern?

Wenn die Kinder aus dem Haus gehen: für die Eltern eine Zäsur.
Ja, wenn Kinder kommen, ist es eine Zäsur, und wenn sie gehen, eben auch. Man hat sich in seinem Leben mit Kindern eingerichtet, jetzt verliert man vieles, was man als Identität betrachtet. Eltern müssen sich jetzt wieder neu erfinden, schauen, was noch übrig ist von der Partnerschaft.
Was kann man für ein Wiedererstarken der Paarbeziehung tun?
Damit sollte man schon viel früher beginnen, eigentlich schon dann, wenn die Kinder in den Kindergarten kommen, mit drei. Ab dem Zeitpunkt brauchen sie einen viel weniger, als wir denken. Man kann es dann wirklich lockerer sehen.
Manche Kinder gehen, wenn sie erwachsen sind, gar nicht aus dem Haus. Die richten sich gemütlich ein im Hotel Mama.
Wenn das Ziel, dass Kinder mit 17 bis 20 Jahren die Flügel ausbreiten und abheben, nicht erreicht wurde: Dann haben die Eltern damit immer etwas Wesentliches zu tun.
Was könnte das sein?
Die Kinder bleiben vielleicht aus Liebe zu Hause, weil sie die alleinerziehende Mama nicht allein lassen wollen. Die Bedürftigkeit des Elternteils scheint so stark zu sein, dass sie nicht wegkommen. Vielleicht spüren die Kinder aber auch, dass sie nicht gut genug vorbereitet sind aufs Leben draußen.
Vielleicht sind die Kinder auch einfach nur bequem?

Ich mag diese Unterstellungen an die Jugendlichen überhaupt nicht. Ich kann mir nicht vorstellen, dass junge Erwachsene aus eigenem Antrieb bei den Eltern wohnen bleiben. Man geht sich doch viel zu sehr auf die Nerven.
Na ja, wenn die Mama noch die Hosen wäscht, ist das erst mal nicht zu verachten.
Nein, ich finde es unwürdig für einen jungen Menschen, noch immer am Tropf der Eltern zu hängen. Egal, ob es dabei ums Geld geht oder auch um den Service zu Hause.
München ist ziemlich teuer, nicht jeder Student kann sich eine Wohnung leisten.
Man muss die Kinder ja nicht ganz alleine stehen lassen. Vielleicht zahlt man ihnen die Wohnung. Aber den Lebensunterhalt können sie sich jetzt auf jeden Fall selbst verdienen, ob sie studieren oder nicht. Eltern unterminieren oft den Leistungswillen ihrer Kinder, indem sie ihnen zu viel zustecken. Ich finde es erniedrigend, in dem Alter noch von den Eltern zu leben.
Muss man diesen Nesthockern also einen Schubs geben?
Wenn Kinder heute länger zuhause bleiben, kann das auch positiv sein und heißen, dass sie ihre Eltern einfach als Verbündete erleben. Trotzdem: Irgendwann ist Schluß mit Nesthocken. Also: ja, bitte schubsen. Aber freundlich.
Soll man Kindern bei der Wohnungssuche helfen?
Ja klar, oft muss man ja als Mutter oder Vater sowieso für die jungen Leute bürgen.
Wie ist es mit der Berufswahl: Es ist so schwer, das Passende zu finden!
Hier gilt dasselbe Prinzip. Die jungen Leute brauchen Unterstützung und auch unsere Erfahrung. Denn wenn sie aus der Schule kommen, haben sie ja noch kaum Arbeitserfahrung – was ich für ein großes Manko halte. Lebenstauglichkeit steht leider bei uns nicht auf dem Stundenplan, die Schule ist ein geschlossenes Sys-

tem, in dem, wer gute Noten hat, meint, damit jetzt auch gut zurechtzukommen im Leben. Ein Trugschluss.
Wie würden Sie bei mehreren Kindern die finanzielle Unterstützung nach der Schule regeln?
Ich würde auf jeden Fall allen Kindern während der Ausbildung einen Zuschuss zur Wohnung oder ein Zimmer zahlen. Wobei man das auch begrenzen sollte. Wer ein Zweitstudium anhängen will, finanziert sich das dann selbst.
Jedem der Kinder einen Fixbetrag in monatlichen Raten zuzusichern, wäre gerechter.
Es gibt hier keine Patentantwort, die auf alle passt. Insgesamt würde ich es eher individuell regeln. Es gibt Jugendliche, die das Geld nehmen, wie es kommt. Wenn deren Miete dann günstig ist, arbeiten die keinen Strich mehr, einfach, weil sie nicht müssen. Das würde ich lieber nicht fördern wollen.
Was ist, wenn die Jugendlichen lang nichts finden, was ihnen beruflich Spaß macht? Wenn sie keine Idee haben, was sie machen sollen?
Wenn mein Sohn fünf Jahre nach der Schule braucht, bis er eine Lehre findet, würde ich mich vor den Spiegel stellen und mich fragen: Was hast du falsch gemacht? Und dann fängt man endlich mal an, Klartext mit dem Kerl zu reden: »Ich erlaube dir nicht, dass du nächstes Jahr noch hier rumhängst. Ich will, dass du was tust!«
Soll man die Geldzuwendungen davon abhängig machen, was die Kinder machen?
Auf keinen Fall darf man die Kinder kaufen – damit sie tun, was man gerne hätte. Nach dem Motto: »Wenn du Jura studierst, sponsere ich dich. Theaterwissenschaften kannst du selbst zahlen.« Das ist billig.
Wenn die Kinder nicht studieren wollen, man selbst aber gern studiert hätte, ist das traurig.
Nein. Es ist eine Tatsache. Punkt. Am besten, ich schreibe mich in dem Fall gleich selber an der Uni ein. Allerdings kann man, um

das eigene Denken transparent zu machen, durchaus zu den Kindern sagen: »Ich hätte so gern studiert, du kannst dir denken, dass es mir gefallen würde, wenn wenigstens du an die Uni gehst.« Auf so eine Aussage kann man sauber reagieren.
Viele Selbstständige wollen, dass die Kinder den eigenen Betrieb weiterführen.
Aber sie würden sehr gut daran tun, ihre Kinder nicht in die Firma zu drängen. Sie auf jeden Fall erst mal ins Ausland zu schicken, damit sie Lebenserfahrung sammeln – und dann entscheiden zu lassen. Im Zweifelsfall verkauft man das Geschäft und macht sich einen schönen Ruhestand.
Soll man Kinder zur Weltreise ermuntern?
Ja, gerne. Die können doch ein halbes Jahr arbeiten und dann losziehen. Am Ende kann man auch noch ein bisschen was zuschießen. Da lernen sie mehr als in vielen Jahren Schule.
Wenn sie dann ausziehen: Wie viele gute Ratschläge soll man den Kindern mit auf den Weg geben?
Nix mehr, Schluss jetzt. Meine Kinder sollten jetzt wirklich wissen, wie ich ticke. Wenn ich noch Lebensweisheiten zu liefern habe, dann würde ich jetzt einen anderen Weg wählen. Vielleicht einen Brief schreiben, eine CD aufnehmen, irgendwas, was Eindruck macht. Wichtiger ist jetzt eher die Frage, wer den Kleintransporter für den Umzug bezahlt.
Und dann: Rufe ich ständig an?
Oh je, nein. Jetzt lasse ich die Kinder in Ruhe. Wenn mir dann langweilig ist oder einsam ums Herz, ich mir Sorgen mache, ruf ich eine Freundin an oder meinen Mann.
Aber ich darf doch anrufen?
Logisch, man muss bloß wegkommen vom kleinmachenden Besorgnisgedaddel.

50 Unsere tollen Kinder!

Wie genießen wir Familie?

Worauf kommt es an im Leben mit Kindern?
Auf den Lebensgenuss. Vielleicht ist es das einzige Leben, das wir haben. Warum verplempern wir unsere Zeit mit Nichtigkeiten? Wir sollten rauskriegen, was uns wichtig ist.
Man macht sich halt auch Sorgen. Wie es in der Schule läuft, ob die Freunde der Kinder passen. Kleine Kinder, kleine Sorgen, große Kinder, große Sorgen!
Dieser Spruch stammt ja aus der Zeit, als Eltern von ihren Kindern noch blinden Gehorsam eingefordert haben. Wenn ich mich einlasse auf mein Kind, was Eltern heute ja tun, werden die Sorgen automatisch kleiner. Vielleicht ist das ständige Umkreisen der Kinder aber auch ein Phänomen unserer Wohlstandsgesellschaft, die wenigsten Familien müssen sich ja um Essen oder einen warmen Schlafplatz sorgen. Dann versucht man, die eigenen Bedingungen zu optimieren. Was herauskommt, sind Luxussorgen.
So leicht ist es auch nicht auszuhalten, wenn man mit ansieht, dass das eigene Kind sich schwertut in seinem Kinderleben.
Wir haben in der Regel nur noch ein bis zwei Kinder. Und von denen erwarten wir jetzt, dass sie auch ein Erfolg werden! Fragen Sie mal eine Mutter mit vier Kindern: Die kann sich gar nicht mehr so reinhängen in die Details. Sie können davon ausgehen: Wenn Ihr Sohn mit acht noch nicht gut liest, dann gibt es anderes, was er gerade lernt. Und das scheint für ihn wichtiger zu sein.
Dann guckt man zu den Nachbarn und merkt: Bei denen läuft alles wie geschmiert.

Wir sollten davon wegkommen, uns mit anderen zu vergleichen. Was würde das auch bringen? Was Kinder brauchen, ist Vertrauen. Und oft fordern wir von unseren Kindern, dass sie spielend schaffen, womit auch wir uns schwertun. Wenn Kinder wenig Selbstvertrauen haben, haben meist auch die Eltern ein Problem mit ihrem Selbstwert. Da sollten wir ansetzen.

Man will halt, dass die eigenen Kinder gut durchs Leben kommen.
Aber mit dieser Fokussierung auf die Defizite richten Sie richtigen Schaden an! Das ist wie bei einem Möbelstück, das wunderbar ins Wohnzimmer passt. Aber leider unten rechts eine kleine Schramme hat. Wenn Sie nur noch mit einem Vergrößerungsglas auf die Schramme schauen, glotzt bald die ganze Welt nur noch darauf. Und keiner sieht das Möbel.

Es ist eben nicht so leicht, sich darüber zu freuen, was bestens klappt, wenn man gleichzeitig weiß: In anderer Hinsicht ist noch viel Lernbedarf da!
So kommen Sie nicht weiter! Wir sollten unsere Kinder so behandeln, wie wenn es schon gelungen wäre. Wie wenn sie die Schule schon bestens geschafft hätten. Wie wenn sie ihren Freundeskreis schon gefunden hätten. Das stärkt sie.

In mancher Familie gibt es richtige Themen, die von einer Generation an die nächste weitergegeben werden. Etwa, dass man zu schüchtern ist, zu wenig Selbstvertrauen hat, ein Problem hat mit Autoritäten.
Mag sein, auch darauf sollte man sich nicht zu sehr fokussieren. Man kann ja sagen: Das kann ich schon gut, anderes muss ich noch lernen, wobei das auch ein Familienthema zu sein scheint. Das reicht!

Es ist auch schlimm, wenn man die Kinder gedanklich festschreibt. Dann können sie sich erst recht nicht entwickeln.
Genau! Und wer weiß schon, ob Ihr Sohn immer Probleme haben wird mit der Rechtschreibung, nur weil er momentan »das« und

»dass« verwechselt! Das ist meiner Meinung nach auch mangelnde Reflexion und ein Zeichen von Unerfahrenheit, wenn man so denkt. Ich habe gemerkt, dass das Leben viel größer ist! Ein Junge aus meinem Bekanntenkreis hatte Riesenprobleme mit dem Schreiben in der Schule, jetzt studiert er BWL. Ein anderer Junge war immer sehr schüchtern, dann hat er ein Auslandsjahr in England eingelegt. Er kam zurück, gewandt wie ein Conférencier, in absolut gelöster Stimmung. So geht das Leben.
Oft reicht uns nicht, was die Kinder können. Sie spielen gut Gitarre, wir denken: Warum fangen sie nicht auch noch mit Klavier an?
Man kann mit diesem defizitorientierten Denken sein ganzes Leben verbringen. Aber es bringt niemanden weiter. Noch einmal: Man sollte sich als Eltern verbünden mit dem, was das Kind kann – und was eben noch nicht so gut. Am Ende muss man auch akzeptieren, dass der andere, in dem Fall das Kind, selbst über sein Leben bestimmt.
Wenn man das Kind annimmt, wie es ist, dann lässt man auch ein Stück weit los. Man denkt getrennt von ihm: So bist du, so bin ich.
Genau. Man sollte, wie beim Tennis auch, immer schön in seinem Feld bleiben und da den Ball spielen. Es ist natürlich auch, wenn Eltern das mal anerkannt haben, wozu ich dringend rate, eine Einbuße an Macht. Sie werden zurückgestutzt auf ihre Begleiterfunktion, sie können ihr Kind nicht mehr »machen«. Nur noch gießen.
Und was ist mit der größten Sorge von allen, nämlich der, dass die Kinder vielleicht nicht gut ins Leben kommen könnten?
Die kann man auch vergessen. Genau diese Sorge nämlich kann zu einem richtigen Blockierer werden! Alle spüren sie doch, die liegt dann in der Luft und lähmt den ganzen Betrieb. Die kann zu genau dem Pfropfen werden, der das Kind am Ende nicht wachsen lässt.
Jetzt noch ein paar kurze Fragen am Schluss: Was brauchen unsere Kinder von uns?

Dass wir unser Ehrgefühl hochhalten, dass wir einstehen für unsere Überzeugungen. Uns nicht korrumpieren lassen.
Was sind die größten Fehler, die wir im Umgang mit unseren Kindern machen können?
Dass wir Ihnen nicht zeigen, wie und wer wir sind.
Wann werden wir schuldig an unseren Kindern?
Wenn wir sie missbrauchen, physisch wie psychisch. Wenn wir sie für unsere Interessen benutzen. Wenn wir ihnen das, was wir wichtig finden, in den Weg legen. Das müssen sie dann wegräumen – eine unnötige Belastung, die wir ihnen zumuten.
Was ist das größte Geschenk, das ich meinem Kind machen kann?
Wenn ich ihm vermittle, wie wertvoll es für mich ist, dass es gebraucht wird in dieser Welt. Dass das Leben einen Sinn hat – und das Kind einen Sinn hat fürs Leben.
Und jetzt noch zuletzt: Warum schaffen wir es bloß nicht, öfter einen Schritt zurückzutreten und uns zu freuen an den Kindern?
Wir sitzen am Steuerknopf dieser Freude, wir können ihn selbst drücken. Man kann das wirklich auch trainieren.
Der Alltag trägt einen halt auch so schnell davon.
Deshalb ist es gut, wenn man sich immer mal wieder Gelegenheiten schafft für Freude, wenn man in Ruhe kommt und überlegt: Mir geht es gut. Ich lebe noch, die Familie ist da. Dabei verliert man die Oberflächlichkeit, all die Machbarkeitsfantasien, was vielleicht noch alles drin gewesen wäre bei etwas mehr Glück. Man ist mit dem, was man hat, zufrieden. Man kann diese Freude oft beobachten bei Eltern mit schwerbehinderten Kindern.
Soll man den Kindern gegenüber zum Ausdruck bringen, wie sehr sie das eigene Leben bereichern?
Man muss da vorsichtig sein, dass man nicht in ein Verkaufsgespräch abrutscht. Wenn man anfängt: »Du bist für mich so wertvoll, weil …«, dann kommt man schnell in die Vergoldungskiste. »Es ist schön, dass es dich gibt«, reicht völlig und ist angemessen.

Kinder fürs Leben stark machen

144 Seiten
ISBN 978-3-466-30756-2

128 Seiten
ISBN 978-3-466-30805-7

Sagen, was mich stört, ohne dabei Vorwürfe zu machen. Offen zuhören, auch wenn der andere laut wird: Mit Einfühlung gelingt es, sich in schwierigen Situationen mit Kindern aufrichtig auszudrücken und gleichzeitig dem Gegenüber respektvoll zu begegnen.

Das wohl eingeführte Krabbelfinger-Prinzip für Kinder zwischen 1-5 Jahren: Mit ideenreichen Spielen, Versen, Liedern und anderen Aktionen wandeln sich potenzielle Stress-Situationen zu fröhlichen Spielmöglichkeiten.

 Kösel

www.koesel.de

Jesper Juul
bei Kösel

128 Seiten
ISBN 978-3-466-30909-2

Wenn die Trennung der Eltern für Kinder auch immer einen Verlust bedeutet: Ein neuer Partner von Vater oder Mutter kann ein wunderbarer Bonus sein.

208 Seiten
ISBN 978-3-466-30871-2

»Ein sehr einfühlsames Buch. [...] Als kleiner Tipp: man profitiert besonders, wenn man dieses Buch schon vor Beginn der Pubertät der Kinder liest.«
Deutschlandradio Kultur

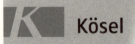

www.koesel.de